Bibel-geschichten

5-Minuten-Vorlesegeschichten

Reinhard Abeln

Verlag an der Ruhr

Impressum

Titel
5-Minuten-Vorlesegeschichten für Menschen mit Demenz
Bibelgeschichten

Autor
Reinhard Abeln

Titelbildmotiv
© www.photostock.am – fotolia.com

Verlag an der Ruhr
Mülheim an der Ruhr
www.verlagruhr.de

Unser Beitrag zum Umweltschutz:
Wir sind seit 2008 ein ÖKOPROFIT®-Betrieb und setzen uns damit aktiv für den Umweltschutz ein. Das ÖKOPROFIT®-Projekt unterstützt Betriebe dabei, die Umwelt durch nachhaltiges Wirtschaften zu entlasten.
Unsere Produkte sind grundsätzlich auf chlorfrei gebleichtes und nach Umweltschutzstandards zertifiziertes Papier gedruckt.

ISBN 978-3-8346-3177-0
Printed in Germany

Inhalt

Inhalt

Aus dem Neuen Testament

Vorwort

Liebe Vorlesende, liebe Zuhörende,

seit meiner Kindheit ist für mich die Bibel ein spannendes, ein faszinierendes Buch. Wie froh und glücklich war ich, wenn ich als kleiner Junge auf dem Schoß meiner Mutter saß und sie daraus vorlas oder erzählte.

Noch heute lese ich gern in der Bibel, dem „Buch der Bücher“, wie sie auch genannt wird. Inzwischen glaube ich, viele Geschichten gut zu kennen. Aber plötzlich entdecke ich beim Lesen wieder etwas Neues von Gott und seiner Botschaft.

Auch wenn die Geschichten der Bibel schon sehr alt sind, manche schon mehrere Tausend Jahre, sind sie heute für uns immer noch wichtig. Sie zeigen uns, wie schön es ist, mit Gott zu leben und sich von ihm lieben und führen zu lassen.

Die Geschichten laden dazu ein, sich in ihnen wiederzufinden. Wir spüren, wie sie sich in unserem Leben wiederholen; wie wir in diesen Geschichten vorkommen. Denn sie erzählen von Erfahrungen, die den unseren sehr ähnlich sind.

Vorwort

Mit diesem Buch lege ich Ihnen eine Reihe schöner und bekannter Geschichten aus der Bibel – aus dem Alten und Neuen Testament – vor. Die Buch- und Versangaben beziehen sich auf die Einheitsübersetzung.

Die Geschichten habe ich mit einfachen und verständlichen Worten nacherzählt. Schwieriges habe ich beiseitegelassen. So lässt sich das Wesentliche jeder Geschichte besser erfassen, besonders wenn die Zuhörer Menschen mit Demenz sind.

Ich wünsche Ihnen beim Vorlesen und Zuhören der Geschichten viel Freude. Ein sich anschließendes, gemeinsames Gespräch oder Gebet möge Ihnen helfen, Gottes lebendige Gegenwart in Ihrem Alltag immer wieder neu zu entdecken und zu erleben.

Ihr
Reinhard Abeln

Über die Reihe

Lesen ist eine der schönsten und zeitlosesten Freizeitbeschäftigungen für Jung und Alt. In Erzählungen abtauchen, sich in andere Personen hineinversetzen, via Fantasie Zeitreisen unternehmen ... Lesen bietet die Möglichkeit, dem Alltag zu entfliehen und ihn gleichzeitig zu verarbeiten. Wem das Lesen jedoch Mühe bereitet, der kann Lesevergnügen auch über das Vorlesen erleben.

Die Reihe **„5-Minuten-Vorlesegeschichten für Menschen mit Demenz“** berücksichtigt die Einschränkungen von dementen Menschen mit kurzen, pointierten und einfachen Geschichten, die an das Alltagserleben anknüpfen. Mal humoristisch, mal nachdenklich oder auch religiös-besinnlich – je nach Anlass und Situation können Sie die passende Geschichte auswählen und die Zuhörer zum Gedankenaustausch anregen. Die entsprechenden Anschlussfragen zu jeder Geschichte bieten die dazu nötigen Anknüpfungspunkte – für ein abwechslungsreiches (Vor-)Lesevergnügen!

Gott erschafft die Welt

Am Anfang, als es die Welt noch nicht gab, war alles wüst und leer. Da dachte Gott, es wäre gut, eine schöne und wunderbare Welt zu schaffen.

Und er fing an, sie in sechs Tagen zu erschaffen.

Am ersten Tag schuf Gott das Licht. Es gab damals noch keinen Tag und keine Nacht. Alles war noch dunkel und finster.

Gott sprach: „Es soll Licht sein auf der Erde!“

Da wurde es plötzlich ganz hell.

Gott sah, dass das Licht gut war, und er trennte das Licht von der Dunkelheit.

Das Licht nannte er „Tag“ und die Dunkelheit „Nacht“.

Am zweiten Tag machte Gott den Himmel.

Er sagte: „Über der Erde soll der blaue Himmel mit den weißen Wolken sein.“

Das sah sehr prächtig aus. Und Gott gefiel es.

Am dritten Tag sprach Gott: „Das Wasser unter dem Himmel soll sich an einem Ort sammeln, damit das trockene Land zu sehen ist.“

Und so geschah es. Gott nannte das Trockene „Land“ und das angesammelte Wasser „Meer“. Er sah, dass es gut war, was er gemacht hatte, und freute sich daran.

Dann sah Gott, dass das Land ganz kahl und leer war. Er sagte: „Es sollen Bäume sein auf der Erde und alle Arten von grünen Pflanzen!“

Da wuchsen viele Bäume: hohe Bäume und niedrige Bäume, Bäume mit Blättern und Bäume mit Nadeln, Apfelbäume und Tannenbäume.

Weiter sprossen grünes Gras, Kräuter, Büsche und Sträucher aus der Erde und überall wuchsen Blumen in vielen Farben.

Gott sah alles an und es gefiel ihm, was er hatte wachsen lassen.

Am vierten Tag schuf Gott die Sonne, den Mond und die Sterne.

Er sagte: „Am Himmel sollen Lichter sein, damit es nie mehr ganz dunkel ist. Sie sollen über die Erde hin leuchten und helfen, Tage, Monate, Jahre und Feste zu bestimmen."

So geschah es. Gott schuf die helle Sonne für den Tag und den Mond und die leuchtenden Sterne für die Nacht. Er bestimmte einem jeden seinen Ort und Weg am Himmel. Und er sah: Es war gut so.

Am fünften Tag sagte Gott: „Es sollen Tiere auf der Erde sein."

Zuerst machte er alle Tiere, die im Wasser leben: Walfische und Seepferdchen, Hechte und Krebse, Quallen und Robben. Da wurde es richtig lebendig im Wasser.

Auch an die Muscheln und Seesterne dachte Gott und erschuf sie.

Nach den Tieren im Wasser dachte Gott an die Tiere in der Luft.

Er sagte: „Auch in der Luft soll Leben sein!“

Und er schuf die Vögel, die über die Erde fliegen, die großen und die kleinen. Er schenkte ihnen bunte Federn und Flügel.

Auch die Schmetterlinge und Libellen machte Gott in vielen verschiedenen Arten und Farben.

Alles geschah so, wie Gott es wollte.

Darauf segnete Gott die Fische im Wasser und die Vögel in der Luft.

Er sprach: „Seid fruchtbar, wachst und vermehrt euch! Alles Wasser und alle Luft soll von euch erfüllt sein!“

Am sechsten Tag sagte Gott: „Auch auf dem Land sollen Tiere leben!“

Und so geschah es. Er machte die großen Landtiere: die Löwen und Tiger, die Pferde und Kühe, die Katzen und Hunde, die Giraffen und die Elefanten mit ihren langen Rüsseln.

Und er machte die kleinen Tiere: die Igel und Eichhörnchen, die Mücken und Fliegen und die Mäuse.

Gott freute sich über die Tiere, die er erschaffen hatte.
Dann sagte er zu den Landtieren: „Ihr sollt viele Junge haben! Vermehrt euch und breitet euch über die ganze Erde aus!"

Schließlich sprach Gott: „Jetzt will ich Wesen schaffen, die mir ähnlich sind. Ich will ihnen die Fische des Meeres, die Vögel des Himmels und alle Tiere auf der Erde anvertrauen."

Da schuf Gott den Menschen nach seinem Bilde.
Er machte einen Mann und eine Frau. Den Mann nannte er Adam und die Frau Eva.

Gott segnete den Mann und die Frau und sprach zu ihnen: „Für euch und eure Kinder habe ich diese Welt gemacht. Seid fruchtbar und vermehrt euch! Überall auf der Erde dürft ihr leben. Kümmert euch um die Pflanzen und die Tiere! Geht sorgsam mit ihnen um! Pflegt alles, was ich euch gegeben habe! Ihr tragt die Verantwortung für alles, was ich geschaffen habe!"

Am siebten Tag ruhte sich Gott von seinem Werk aus.
Jetzt waren Himmel und Erde und alles, was dazugehört, vollendet.

Noch einmal sah sich Gott alles an, was er geschaffen hatte. Und er sah: Es war alles sehr gut!

Dann segnete Gott den siebten Tag und sagte: „Dieser Ruhetag soll den Menschen heilig sein. Sie sollen sich von ihrer Arbeit ausruhen. Und sie sollen an mich, ihren Schöpfer, denken."

Nach Genesis/1. Mose 1,1-2,4a

Lassen Sie erzählen:

* Gibt es ein besonderes Ereignis, das Sie mit der Schöpfungsgeschichte verbinden?
* Wo hatten Sie in Ihrem Leben Berührung mit der Bibel?
* Wie wurde der siebte Tag, an dem die Menschen ruhen sollen, in Ihrer Familie verbracht?
* Dieses Gebet eignet sich zum Abschluss:

Unser blaues Himmelszelt,
Sonne, Mond und Tag und Nacht,
unsere weite, schöne Welt
hast du, lieber Gott, gemacht.
Sonnenblumen und der Baum,
Pflanzen, Menschen, jedes Tier,
Weinen, Lachen und mein Traum,
lieber Gott, das kommt von dir.
(...)

Überliefert

Der Ungehorsam der ersten Menschen

Adam und Eva, die ersten Menschen, lebten in einem wunderschönen Garten. Gott hatte ihn für sie angelegt. Es war der Garten Eden, das Paradies.

In diesem Garten gab es Quellen mit frischem Wasser, eine Fülle von Blumen und viele Arten von Tieren. Auch wuchsen dort köstliche Früchte. An diesen konnten sich Adam und Eva jeden Tag satt essen.

Dem Mann und der Frau gefiel es in diesem Garten.

Gott sagte zu den beiden: „Ihr sollt den Garten hüten und pflegen. Von allen Bäumen dürft ihr die Früchte essen, nur von einem nicht. Das ist der Baum in der Mitte des Gartens. Wenn ihr von diesem Baum esst, dann ist euer Glück vorbei. Ihr müsst dann von hier fortgehen."

Adam und Eva gehorchten Gott. Es gab doch so viele andere Bäume im Garten mit herrlichen und köstlichen Früchten. Immer wieder entdeckten die beiden neue verlockende Früchte und ließen sie sich schmecken.

In dem Garten lebte auch eine große Schlange. Sie war klüger als alle anderen Tiere, die Gott gemacht hatte, aber auch hinterlistiger und böser.

Eines Tages kroch sie zu Eva und fragte: „Warum esst ihr nicht die Früchte von dem Baum, der in der Mitte des Gartens steht?"

Eva erwiderte der Schlange: „Wir dürfen nicht von diesem Baum essen. Gott hat es uns verboten. Wenn wir seine Früchte essen, werden wir unglücklich und müssen von hier fortgehen."

Darauf sagte die schlaue Schlange: „Glaubt doch so etwas nicht! Ich will euch sagen, warum ihr nicht von dem Baum essen sollt. Wenn ihr davon esst, dann werdet ihr genauso klug und mächtig sein wie Gott. Ihr werdet Gut und Böse erkennen und alles wissen wie Gott selbst. Und das will Gott nicht!"

Eva wunderte sich über die Worte der Schlange. Dann schaute sie die wunderbaren Früchte des Baumes an. Sie sahen verlockend aus, sehr verlockend, und luden zum Essen ein. Sie dachte bei sich: „Warum soll ich eigentlich nicht von den Früchten essen? Dann werde ich genauso klug und mächtig sein wie Gott!"

Auf das Wort der Schlange hin pflückte Eva eine Frucht von dem verbotenen Baum und aß davon. Diese war so köstlich und schmeckte so gut, dass Eva auch Adam ein Stück gab.

Sie sagte: „Iss nur! Du wirst dann wie Gott sein!" Und Adam aß mit ihr.

Da gingen den beiden die Augen auf. Sie erkannten, dass sie etwas Böses getan hatten.

Erschrocken schauten sie sich an. Sie sahen auf einmal, dass sie nackt waren, und schämten sich voreinander. Sie hefteten ein paar große Feigenblätter zusammen und bedeckten sich damit.

Am Abend hörten Adam und Eva Gott kommen. Sie bekamen Angst vor ihm und versteckten sich unter den dichten Bäumen des Gartens.

Gott rief: „Adam, wo bist du?"

Zitternd krochen Adam und Eva aus ihrem Versteck hervor und standen vor Gott.

„Ich hörte deine Stimme im Garten und bekam Angst", sagte Adam. „Ich schämte mich, weil ich nackt war, und ich habe mich dann vor dir versteckt."

Da sprach Gott: „Wer hat dir denn gesagt, dass du nackt bist? Hast du etwa von den Früchten des Baumes gegessen, die zu essen ich dir verboten habe?"

Adam antwortete: „Ja! Aber ich kann nichts dafür. Die Frau, die du mir an die Seite gestellt hast, hat mir von der Frucht gegeben. Sie teilte sie mit mir. Deshalb habe ich davon gegessen."

Da wandte sich Gott an Eva und fragte sie: „Warum hast du das getan?"

Eva antwortete: „Die Schlange ist schuld. Sie hat mich verführt und gesagt, dass ich von dem Baum essen darf."

Darauf sprach Gott zu der Schlange: „Du hast etwas sehr Böses getan. Du sollst verflucht sein unter allen Tieren. Zur Strafe musst du auf dem Boden kriechen.

Du wirst dich niemals erheben können. Und den Staub der Erde sollst du fressen, dein Leben lang. Für alle Zeit soll Feindschaft sein zwischen dir und den Menschen: Sie werden nach deinem Kopf treten. Und du wirst nach ihrem Fuß schnappen."

Zu Eva sagte Gott: „Warum hast du nicht auf mich gehört? Du warst ungehorsam und musst jetzt mit deinem Mann den schönen Garten verlassen. Du wirst viel Mühe in deinem Leben haben. Mit Schmerzen wirst du deine Kinder zur Welt bringen."

Und zu Adam sprach Gott: „Auch du wirst es schwer haben im Leben. Solange du lebst, musst du viel und hart arbeiten. Deine Felder musst du selbst bestellen, damit du jeden Tag genug zu essen hast. Deine Arbeit wird dich viel Anstrengung und Schweiß kosten."

Traurig verließen Adam und Eva den Garten, in dem es so schön gewesen war. Sie dachten noch oft an die herrlichen Tage zurück, die sie hier verbracht hatten.

Vor den Eingang des Gartens stellte Gott einen seiner Engel. Dieser bewachte den Garten mit seinem Flammenschwert.

Gott war traurig über das Verhalten der Menschen im Paradies. Aber er hatte sie weiterhin lieb und schenkte ihnen seinen Schutz und seinen Segen. So ist es bis heute geblieben.

Nach Genesis/1. Mose 2,4b–17; 3,1–24

Lassen Sie erzählen:

* Wann haben Sie die Geschichte vom Sündenfall zum ersten Mal gehört?
  - In der Familie?
  - In der Schule?
  - Im Gottesdienst?
  - Im Kommunions- oder Konfirmationsunterricht?
* Wie stellen Sie sich das Paradies vor?
* Haben Sie in Ihrem Leben etwas getan, das verboten war und zu dem Sie jemand überredet hat? Wie war das?
* Wie würde es wohl in der Welt aussehen, wenn die ersten Menschen nicht gesündigt hätten?

Gott rettet Noah aus der Flut

Immer mehr Menschen lebten auf der Erde, die Gott geschaffen hatte.

Doch Gott sah, dass die Menschen nicht gut zueinander waren. Sie dachten und taten viel Schlechtes und Böses. Gott und seine Liebe hatten sie vergessen.

Da wurde Gott sehr traurig.

Er sagte: „Länger kann ich das nicht mit ansehen.

Ich will die Menschen von der Erde vertilgen. Und auch das Vieh, die Kriechtiere und die Vögel. Ich werde es bald so lange regnen lassen, bis alles untergeht."

Es gab aber einen Mann auf der Erde, den Gott sehr liebte. Sein Name war Noah. Er war ein frommer Mann, der Gott gehorchte. Er war gerecht und gut zu allen Menschen und Tieren. Ihn, seine Frau, seine drei Söhne Sem, Ham und Jafet und ihre Frauen wollte Gott vor dem großen Regen retten.

Darum sprach Gott zu Noah: „Überall auf der Erde ist Gewalt, Streit und Betrug. Ich bereue, dass ich die Menschen und Tiere geschaffen habe. Deswegen will ich bald eine große Flut über die Erde schicken. Alle Lebewesen unter dem Himmel sollen vernichtet werden."

Noah hörte mit Furcht und Erschrecken zu.

Dann sagte Gott zu ihm: „Dich und deine Familie will ich vor der großen Flut retten. Bau mit deinen Söhnen ein Schiff aus Holz, eine Arche! Drei Stockwerke soll das Schiff haben und ein Dach. Dichte das Holz innen und außen mit Pech ab, damit kein Wasser hineinkann!"

Gott sprach weiter: „Baue das Schiff so groß, dass auch noch viele Tiere darin Platz haben. Nimm von jeder

Tierart ein Paar mit, ein Männchen und ein Weibchen. Ich will, dass sie am Leben bleiben. Lade genug Futter für die Tiere ein und auch genug Nahrung für dich und deine Familie! Denn der Regen wird lange dauern."

Noah gehorchte. Er sammelte viel Holz und baute mit seinen drei Söhnen ein großes Schiff, so wie es ihm Gott gesagt hatte. Es war 150 Meter lang, 25 Meter breit und 15 Meter hoch. An einer Seite des Schiffes war eine große Tür, der einzige Ein- und Ausgang.

Lange Zeit arbeitete Noah an diesem Schiff. Als es endlich fertig war, führte er die Tiere in die vielen Kammern hinein, die er gebaut hatte: die großen Elefanten und die kleinen Mäuse, die flinken Antilopen und die langsamen Schnecken. Und auch die zwitschernden, großen und kleinen Vögel waren dabei, von jeder Art immer ein Paar.

Als alle Tiere in dem Schiff waren, folgte Noah mit seiner Frau, seinen drei Söhnen und ihren Familien. Dann schloss Gott selbst die Tür hinter ihnen zu.

Kurze Zeit darauf verdunkelte sich der Himmel. Es begann, zu regnen, wie es kein Mensch jemals vorher erlebt hatte. Es regnete 40 Tage und 40 Nächte. Das Wasser stieg immer höher. Es stieg so hoch, dass es sogar die größten Berge zudeckte. Noahs Schiff schwamm ganz allein auf dem Wasser.

Alle Lebewesen auf der Erde mussten sterben, Menschen und Tiere.

Nur Noah, seine Frau, seine Söhne mit ihren Familien und die Tiere in seinem Schiff blieben verschont. Sie waren alle in Sicherheit, denn kein Tropfen Wasser drang in das Schiff ein.

Nach 40 Tagen und Nächten dachte Gott an Noah und an die Tiere, die in dem Schiff waren.

Er sagte: „Nun hat es genug geregnet."

Darum ließ er einen starken Wind über die Erde wehen, der die schwarzen Regenwolken wegblies.

Da hörte es auf, zu regnen. Ganz allmählich und ganz langsam begann das Wasser, zu sinken.

Eines Tages öffnete Noah das Fenster des Schiffes und ließ eine Taube hinausfliegen.

Er dachte: „Vielleicht bleibt sie fort. Dann hat sie einen trockenen Platz gefunden, wo es genügend Futter gibt. Und dann können auch wir bald aus dem Schiff aussteigen."

Doch die Taube kam bald wieder zu Noah zurück.

Sie hatte nirgends einen Platz zum Landen gefunden.

Etwas später sandte er sie ein zweites Mal aus.

Sie kam mit einem frischen, grünen Olivenzweig im Schnabel wieder.

Beim dritten Mal kehrte sie nicht mehr zu ihm zurück. Da wusste Noah, dass jetzt wieder Menschen und Tiere auf der Erde leben konnten.

Bald danach sprach Gott zu Noah: „Komm heraus aus dem Schiff! Treib auch alle Tiere hinaus, die großen und die kleinen! Sie sollen sich vermehren. Die Erde soll wieder voll Leben werden."

Da machte Noah die Tür weit auf und verließ mit seiner Frau, seinen Söhnen, ihren Familien und allen Tieren das Schiff.

Die Erde war wieder trocken und die Sonne schien.

Jetzt waren alle gerettet.

Die lange Reise war zu Ende.

Noah schaute auf zum Himmel, wo er einen großen, bunten Regenbogen leuchten sah.

Dann baute er einen Altar aus Steinen. Er zündete ein Feuer an und brachte Gott ein Opfer dar.

Mit seiner Familie dankte er Gott für die wunderbare Errettung aus der Flut und für das neu geschenkte Leben.

„Gott, du hast uns vor der großen Flut bewahrt", sagte er. „Wir haben es nicht verdient. Du, großer und guter Gott, bist gnädig und barmherzig mit uns gewesen. Dafür danken wir dir von Herzen."

Darauf segnete Gott Noah und seine Familie.

Er sprach: „Ich will die Erde nicht noch einmal vernichten. Nie wieder soll eine Flut kommen. Alle, Menschen und Tiere, sollen leben dürfen auf der Erde. Solange die Erde besteht, sollen Saat und Ernte, Kälte und Hitze, Sommer und Winter, Tag und Nacht nicht aufhören. Sie sollen immer wieder aufeinanderfolgen. Diese Ordnung wird immer so bleiben."

Weiter sagte Gott: „Wenn es noch einmal so stark regnet und ihr euch fürchtet, dann schaut zum Himmel hinauf! Dort wird in den Wolken mein Regenbogen stehen. Er ist das Zeichen dafür, dass ich für alle Zeit mein Versprechen halte!"

Nach Genesis/1. Mose 6,1–9,17

Lassen Sie erzählen:

* **Welche Menschen und Tiere hätten Sie unbedingt mit auf die Arche Noah genommen?**
* **Welche Geschichten über den Regenbogen kennen Sie?**
* **Dieses Gebet eignet sich zum Abschluss:**

Lieber Gott,
jedes Mal, wenn ich einen Regenbogen
am Himmel sehe,
denke ich an die Geschichte
von Noah und der großen Flut.
Ich denke daran, wie schrecklich es war,
als du es 40 Tage und Nächte hast regnen lassen.
Guter Gott, es macht dich traurig,
wenn die Menschen Böses tun
und nicht auf dich hören.
Hilf mir, gut zu sein
und die Worte Jesu zu befolgen:
„Liebet einander!“
Amen.

Das Mannawunder in der Wüste

Mose und sein Bruder Aaron hatten das Volk Israel aus der Gefangenschaft in Ägypten geführt. Dort hatten die Israeliten als Sklaven hart für den Pharao arbeiten müssen.

Jetzt waren sie unterwegs in das schöne Land Kanaan, das Gott ihnen versprochen hatte. Die Menschen wanderten schon längere Zeit durch die Wüste.

Der Marsch war für sie schrecklich anstrengend, denn hier war nichts als Sand und Steine.

Die Sonne brannte erbarmungslos auf ihre Köpfe. Überall war es heiß, trocken und staubig. Es gab keine Bäume und keinen Schatten.

Das Schlimmste aber war: Die Israeliten hatten großen Hunger. Das Brot und das Fleisch, das sie aus Ägypten mitgebracht hatten, waren zu Ende. Alle Säcke waren leer. Nirgendwo fanden sie in der Wüste etwas zu essen. Hier wuchs nichts, was sie satt machte.

Die Kinder kamen zu ihren Eltern gelaufen. Sie weinten, weil sie nichts zu essen hatten. Sie riefen: „Gebt uns Brot!"

Aber die Eltern konnten ihnen nichts geben, denn es war kein Bissen mehr vorhanden.

Die Israeliten wurden böse und sagten zu Mose: „Warum gibt es hier nichts zu essen? In Ägypten hatten wir jeden Tag Brot und Fleisch, so viel wir wollten. Wir kannten keine Not. Warum sind wir dir nur gefolgt? Sollen wir jetzt in der Wüste vor Hunger sterben?"

Die Menschen wurden von Tag zu Tag wütender. Sie beschimpften Mose und seinen Bruder. Doch diese wussten nicht, was sie machen sollten.

In seiner Not rief Mose zu Gott und bat ihn um Hilfe.

Da sprach Gott zu Mose: „Ich habe das Klagen und Murren des Volkes gehört. Sag den Israeliten, dass ich ihnen helfen werde! Am Abend will ich ihnen Fleisch zu essen geben und am Morgen lasse ich Brot vom Himmel regnen. Dann werden alle erkennen, dass ich da bin für mein Volk."

Darauf sagte Mose zu allen Israeliten: „Heute Abend sollt ihr erfahren, dass Gott zu euch hält und euch nicht im Stich lässt. Er wird euch heute Abend Fleisch zu essen geben und am nächsten Morgen wird er euch mit Brot satt machen."

Und so geschah es: Am Abend kamen riesige Schwärme von Vögeln zum Lager der Israeliten geflogen. Es waren Wachteln, die sich auf dem Boden niederließen.

Die Israeliten ergriffen die Vögel, schlachteten sie und rösteten sie über dem Feuer. Bald duftete es wunderbar nach Wachtelbraten!

Nun hatten alle Fleisch, so viel sie wollten. Und alle wurden satt und gingen an diesem Abend zufrieden schlafen.

Am folgenden Morgen lag eine Schicht Tau rings um das Lager. Der ganze Wüstenboden war weiß, als ob es geschneit hätte. Auf der Erde lagen kleine, knusprige, runde Körner. Es waren so viele, wie keiner zuvor gesehen hatte.

Als die Israeliten das sahen, wunderten sie sich und fragten einander erstaunt: „Was ist das?“

Mose sagte zu ihnen: „Das ist Manna. Es ist ein besonderes Korn, das Gott euch zu essen gibt und das euch alle satt machen wird.“

Die Menschen sammelten die Körner in Krügen auf, jeder so viel, wie er für den Tag brauchte. Die Körner schmeckten herrlich. Sie waren so süß wie Honigkuchen. Man konnte sie roh essen, aber auch Brei davon kochen und Brot daraus backen.

Von diesem Tag an mussten sich die Israeliten nie mehr um ihr Essen sorgen.

Morgen für Morgen lag Manna auf der Erde und Abend für Abend kamen die Wachteln.

Solange das Volk durch die Wüste zog, und das dauerte 40 Jahre, gab ihnen Gott Brot und Fleisch zum Sattwerden.

Die Menschen brauchten auf ihrer Wanderung durch die Wüste nicht nur zu essen, sondern auch zu trinken. Das Wasser, das sie aus Ägypten mitgenommen hatten, war ganz und gar verbraucht. Nirgendwo gab es einen Brunnen oder einen Tümpel in der heißen Wüste.

Wieder murrten die Menschen gegen Mose und sagten: „Wir haben Durst. Wären wir doch besser in Ägypten geblieben! Gib uns Wasser zu trinken! Sollen wir vielleicht alle mit unseren Kindern in der Wüste verdursten?"

Mose war hilflos und rief in seiner Not wieder zu Gott: „Herr, was soll ich bloß mit diesem Volk anfangen? Sie schimpfen schon wieder und schreien nach Wasser. Es wird nicht lange dauern, dann werden die Menschen mit Steinen nach mir werfen."

Gott antwortete Mose: „Geh vor dem Volk her, bis du am Berg Horeb an einen großen Felsen kommst! Nimm deinen Stab und schlag damit an den Felsen! Dann wird dort frisches Wasser aus dem Stein herausfließen und alle Leute können trinken."

Mose tat so, wie es ihm Gott gesagt hatte. Er schlug mit seinem Stab an den Felsen und es strömte klares und frisches Wasser heraus. Es war so viel Wasser, dass alle Israeliten genug zu trinken hatten.

Gott erwies sich dem Volk Israel wieder einmal als mächtiger und hilfreicher Herr.

Die Israeliten erkannten, dass man ihm vertrauen und sich ganz auf seine Hilfe verlassen konnte. Er war doch ihr Gott und sie waren sein Volk.

Nach Exodus/2. Mose 15,22–17,7

Lassen Sie erzählen:

* Gab es in Ihrem Leben eine ähnliche Situation, in der Sie Ihr Zuhause verlassen mussten? Wie haben Sie dies gemeistert? Wer hat Sie dabei unterstützt?
* Welchen Proviant hatten Sie bei sich, wenn Sie sich auf große Fahrt begeben haben?
* Dieses Gebet eignet sich zum Abschluss:

Lieber Gott,
du hast die Menschen in der Wüste
beschützt und für sie gesorgt.
Du hast ihnen Manna zum Essen
und Wasser zum Trinken gegeben.
Auch für uns bist du da.
Du sorgst dafür,
dass wir jeden Tag zu essen
und zu trinken haben.
Du machst uns froh und glücklich.
Alles, was wir haben, ist ein Geschenk von dir.
Wir danken dir dafür,
dass du uns so lieb hast
und immer für uns sorgst.
Amen.

Mit fünf Kieseln gegen Goliat

Eines Tages drangen fremde Krieger in das Land Israel ein. Das waren die Philister, ein Nachbarvolk. Sie wollten gegen die Israeliten kämpfen und ihnen ihr Land und ihre Tiere wegnehmen.

Die Israeliten traten ihnen mit vielen Soldaten und König Saul an der Spitze entgegen. Sie wollten sich von den Philistern nichts wegnehmen lassen. Sie waren entschlossen, gegen den Feind zu kämpfen und ihn aus ihrem Land zu vertreiben.

Noch nie war es König Saul und seinem Heer in früheren Jahren gelungen, die Philister zu schlagen.

Jetzt standen sich wieder beide Heere gegenüber.

Beide Seiten lagerten auf einem Berghang und waren nur durch ein Tal voneinander getrennt.

Im Lager der Philister gab es einen riesengroßen Mann mit Namen Goliat. Er war so stark wie zehn Männer und trug eine schwere Rüstung und einen eisernen Helm auf dem Kopf. In der Hand hielt er einen mächtigen Speer.

Goliat trat aus dem Lager hervor und rief den Israeliten zu: „In dieser Schlacht soll nicht jeder gegen jeden kämpfen. Schickt mir einen Mann herüber, mit dem ich kämpfen kann! Wenn er mich im Zweikampf besiegt, dann werden ich und alle Philister eure Knechte sein. Besiege ich ihn aber, dann haben wir den Krieg gewonnen. Dann werdet ihr unsere Knechte sein und uns dienen!"

Als König Saul und die Israeliten den riesigen Mann so laut schreien hörten, erschraken sie. Sie bekamen große Angst.

Keiner von ihnen wagte es, den Kampf mit dem Riesen aufzunehmen.

Goliat spürte die Angst der Israeliten.

Deshalb rief er noch lauter: „Habt ihr es gehört? Schickt mir einen Mann für den Zweikampf!“ Und höhnisch fügte er hinzu: „Ihr findet ja doch keinen! Ihr seid alle Feiglinge!“

So schrie der Riese jeden Morgen und jeden Abend zu den israelitischen Kriegern und verspottete sie. Er tat dies über einen Monat lang, ohne dass sich ihm jemand stellen wollte.

Eines Tages kam der Hirtenjunge David aus Betlehem in das Lager der Israeliten. Sein Vater Isai hatte ihn dorthin geschickt. Er sollte seine drei älteren Brüder, die im Heer Sauls dienten, besuchen und ihnen zu essen bringen. Im Lager hörte David die gewaltige Stimme Goliats rufen. Mit Schrecken sah er, wie alle Krieger Angst hatten und vor dem Riesen zurückwichen.

Da ging der Junge zu König Saul und sagte: „Mein König! Lass dich von diesem Philister nicht einschüchtern! Ich will zu ihm hingehen und mit ihm kämpfen.“

Aber König Saul wollte das nicht zulassen. Er entgegnete: „Du bist zu jung für einen Kampf mit diesem

Riesen. Goliat ist ein starker und erfahrener Soldat. Mit ihm kann es keiner aufnehmen."

Doch David ließ nicht locker.

Er erwiderte dem König: „Lass mich nur kämpfen! Ich habe als Hirte auf dem Feld schon Bären und Löwen getötet, die meine Schafe rauben wollten. Ich werde auch den Riesen besiegen. Gott hat mich immer beschützt und er wird mir auch jetzt helfen."

Da willigte König Saul schließlich ein.

Er sagte zu David: „So geh hin und kämpfe mit ihm! Gott sei mit dir!"

Und der König schenkte David zum Schutz seine eigene Rüstung. Er setzte ihm seinen Helm auf den Kopf und reichte ihm sein Schwert.

Als David die Rüstung anziehen wollte, war sie ihm viel zu schwer.

Er sagte zum König: „Ich kann keinen Schritt damit gehen. So kann ich mich nicht bewegen und kämpfen."

Er legte Panzer, Helm und Schwert wieder ab.

Er war sich sicher: „Gott wird für mich sorgen!"

David nahm seinen Hirtenstab und ging hinunter zum Bach. Dort fand er fünf glatte Kieselsteine und steckte sie in seine kleine Hirtentasche.

Dann nahm er seine Steinschleuder, mit der er schon oft geschossen hatte.

Er stieg den Hügel hinauf und trat dem mächtigen Philister entgegen.

Als Goliat den Hirtenjungen sah, lachte er laut auf.

Dann schrie er ihn wütend an: „Was willst du mit deinem Stock? Bin ich vielleicht ein Hund, dass du so zu mir kommst? Komm nur her! Ich werde dich erschlagen und deinen Körper den Geiern und Raubtieren zu fressen geben!“

David hörte sich die Worte Goliats ruhig an.

Dann rief er dem Riesen zu: „Du trittst gegen mich mit mächtigen Waffen an. Ich komme im Namen Gottes, der mit mir kämpfen und dich besiegen wird. Gott ist der Herr des Heeres Israels. Er braucht keine Rüstung, um sein Volk zu beschützen und zu retten.“

David nahm einen kleinen, runden Stein aus seiner Hirtentasche. Er legte ihn in seine Schleuder und schoss ihn auf den Riesen.

Der Stein traf Goliat mitten auf die Stirn, wo er keine Rüstung hatte.

Der Philister schwankte, fiel mit dem Gesicht auf die Erde und blieb bewegungslos liegen.

David lief schnell zu dem Riesen hin. Er riss ihm das große Schwert aus der Scheide und tötete ihn.

So wurde der mächtige Goliat von dem Hirtenjungen mit Gottes Hilfe besiegt.

Als die Philister sahen, dass ihr stärkster Mann tot war, befiel sie große Angst. Jetzt hatten sie den Krieg gegen die Israeliten verloren.

Sie ergriffen die Flucht, so schnell sie nur konnten. Die Israeliten jagten ihnen nach und töteten alle, die sie fassen konnten.

Es dauerte noch viele Jahre, bis David König von Israel wurde. Er machte die Stadt Jerusalem zur Hauptstadt des Landes und nannte sie „Stadt Davids".

David verfasste viele Lieder und Gedichte, die sogenannten Psalmen, in denen er Gott lobte, dankte und um Hilfe bat.

Nach 1 Samuel 17,1–58

Lassen Sie erzählen:

* Haben Sie das auch schon einmal erlebt, dass Sie als Schwächerer jemanden besiegt haben? Wie haben Sie das geschafft?
* Hatten Sie als Kind eine Schleuder, wie David sie besitzt? Wie nannte man sie in Ihrer Region?
  - Schleuder?
  - Fletsche oder Flitsche?
  - Zwille, Zwackel, Zwockel, Zwuschel, Zwistel oder Zwiesel?
  - Katapult, Kartzi oder Katschi?
  - Spatzenschießer?
  - Gambel?
  - Schlatte?
* Worauf haben Sie mit der Schleuder gezielt?
* Haben Sie in Ihrem Leben schon Schafe oder andere Tiere gehütet?

Der Wunsch von König Salomo

Lange Zeit war David König von Israel. Als er sehr alt war und im Sterben lag, rief er seinen Sohn Salomo zu sich. Er sprach: „Bald wirst du mein Nachfolger sein. Sei stark und ehrlich und folge Gottes Wort! Dann wird der Herr mit dir sein!"

Nach dem Tod Davids wurde Salomo der neue König. Er war noch sehr jung und wusste nicht, ob er auch ein guter König sein würde. Er hatte Angst, das ganze Volk Israel zu regieren.

„Wenn Gott mir doch zeigte, was ich tun soll!“, dachte er bei sich.

Eines Nachts erschien Gott Salomo im Traum.

Er sagte: „Salomo, nenne mir einen Wunsch, den ich dir erfüllen soll! Du darfst dir etwas aussuchen, was du gern haben möchtest. Ich werde es dir schenken.“

Das fand König Salomo herrlich. Doch was sollte er sich nun von Gott wünschen? Dass er reich werden mochte? Oder dass er sehr stark und mächtig sein mochte? Oder dass er lange leben mochte?

Nein, nichts von alledem wünschte sich König Salomo. Er dachte nur daran, dass er ein guter König sein mochte. Er hatte den Wunsch, dass er gut für alle Menschen im Land sorgen könne.

Darum sagte er zu Gott: „Herr, ich bin noch sehr jung und du hast mich schon zum König dieses Volkes gemacht. Oft weiß ich nicht, was ich tun soll. Gib mir ein kluges und weises Herz, damit ich das große Land gut regieren kann! Zeige mir, was gut und was böse ist, damit ich ein gerechter König bin! Ich will dein treuer Knecht sein!“

Gott sprach zu Salomo: „Ich werde deine Bitte gern erfüllen. Ich werde dir Klugheit und Weisheit geben wie keinem Menschen vor dir oder nach dir. Aber ich schenke dir auch großen Reichtum, Ehre und ein langes Leben, wenn du meine Wege gehst und meine Gebote befolgst."

Da erwachte Salomo aus dem Traum und dankte Gott für sein großes Versprechen. Jetzt hatte er keine Angst mehr, das Volk Israel zu regieren. Nun fand er es schön, dass er König war. Denn er wusste, dass Gott immer an seiner Seite sein würde.

Und so geschah es: Salomo wurde ein kluger und weiser König. Er war gut, gerecht und konnte Gutes von Bösem unterscheiden. Er machte alle Menschen im Land froh und glücklich.

Von überallher kamen Leute zu ihm und baten um seinen Rat. In jeder Not wusste Salomo einen Weg.

Eines Tages kamen zwei Frauen in den Palast zu König Salomo.

Die eine trug ein weinendes Kind im Arm.

Beide Frauen wohnten zusammen in einem Haus und jede hatte vor Kurzem ein Kind bekommen.

Eines der Kinder war gestorben.

Jede der beiden Mütter behauptete, dass das lebende Kind ihr gehöre.

König Salomo ließ die beiden Frauen eine Weile streiten.

„Ich will das lebende Kind haben, denn ich bin die Mutter", rief die eine.

„Nein, ich bin die Mutter, ich will es haben", rief die andere.

„Du lügst!", rief die eine.

„Nein, du!", rief die andere noch lauter.

So stritten die zwei Frauen hin und her und keiner wusste, wer Recht hatte. Aber König Salomo sollte es herausfinden. Er musste entscheiden und sagen, welche der beiden Frauen das Kind haben sollte.

Der König hatte sich den Streit in Ruhe angehört.

Dann sprach er zu den Frauen: „Beide behauptet ihr dasselbe. Niemand weiß, wer von euch die Wahrheit spricht."

Darauf rief er einen seiner Diener zu sich.

Er sagte zu ihm: „Hole ein Schwert herbei und zerteile das Kind gerecht in zwei Teile! Jede Frau soll eine Hälfte bekommen."

„Nein, halt ein!", rief erregt die erste Frau. Sie fiel vor dem König auf die Knie und fing an, zu weinen. „Töte es nicht! Gib das Kind lieber der anderen Frau!"

Die zweite Frau jedoch schrie: „Nein, das Kind soll weder ihr noch mir gehören!“ Und zu dem Diener sagte sie: „Folge dem Befehl des Königs und teile es in zwei Stücke! Das ist doch gerecht. Dann haben wir beide kein Kind mehr.“

Da wusste König Salomo, wer die wahre Mutter des Kindes war.

Er sprach: „Das Kind gehört der Mutter, die sein Leben retten will.“ Und zu dem Diener sagte er: „Gib das Kind der ersten Frau! Denn sie hat es wirklich lieb.“

Da bekam die Frau das lebende Kind. Sie nahm es auf den Arm und trug es glücklich nach Hause.

Das ganze Volk Israel hörte von dem weisen Urteil, das König Salomo gefällt hatte. Und alle Menschen im Land bewunderten ihren König, der so klug und gerecht war. Sie erkannten: Salomos Weisheit ist ein Geschenk von Gott!

Nach 1 Könige 2,1-4; 3,2-28

Lassen Sie erzählen:

* Kennen Sie die Geschichte von den beiden Müttern, die um ein Kind streiten? Woher?
  - Aus der Bibel?
  - Aus einem Theaterstück („Der kaukasische Kreidekreis“ von Bertolt Brecht)?
  - Aus Erzählungen?
* Was hätten Sie sich gewünscht an Salomos Stelle, wenn Gott Ihnen einen Wunsch erfüllen wollte?
* Wie haben Sie sich als Kind einen König vorgestellt?
* Salomo hat ein wahrhaft salomonisches Urteil gefällt. Haben Sie selbst schon erlebt, dass ein so weises Urteil gesprochen wurde?

Daniel im Löwenkäfig

Vor langer Zeit gab es einen mächtigen König. Sein Name war Darius. Er war der Herrscher über das große Reich Babylon.

Der König hatte viele Hofbeamte. Das waren seine Aufseher und Berater. Sie halfen ihm, das große Reich zu regieren und im ganzen Land für Ordnung zu sorgen. Sie passten auch darauf auf, dass niemand den König betrog.

Einer der zahlreichen Hofbeamten war Daniel.

König Darius liebte Daniel, denn er war sehr tüchtig und klug. Gott hatte dem jungen Israeliten viel Weisheit und Verstand gegeben. Darum hatte der König vor, ihn zum obersten Beamten des ganzen Reiches zu machen.

Die anderen Beamten des Königs waren neidisch auf Daniel. Sie gönnten ihm nicht, dass der König ihn so hoch achtete. Deshalb suchten sie nach einem Weg, ihn zu stürzen.

Sie sprachen zueinander: „Wir wollen Daniel beobachten und aufpassen, ob er etwas Falsches macht. Wenn wir etwas gesehen haben, was nicht richtig war, sagen wir es dem König, damit er ihn vom Hof fortjagt!"

Aber Daniel tat nie etwas Falsches.

Die Beamten fanden nichts, was sie ihm vorwerfen konnten. Daniel war gewissenhaft und zuverlässig, treu und ordentlich. Er machte bei dem, was er für den König tat, keine Fehler.

Eines Tages dachten sich die Beamten einen hinterlistigen und schlimmen Plan aus.

Sie wussten, dass Daniel ein frommer und gläubiger Jude war und jeden Tag zu seinem Gott betete. Dreimal am Tag, morgens, mittags und abends, kniete er sich nieder und sprach mit Gott.

Die Beamten setzten sich hin und schrieben ein neues Gesetz auf. Mit ihm wollten sie Daniel ins Unglück stürzen.

In dem Gesetz stand: „Niemand im Land Babylon darf zu Gott beten. Alle müssen König Darius anbeten. Wer das nicht tut und das Gesetz nicht befolgt, soll im Schlosshof in die Löwengrube geworfen werden."

Mit diesem Gesetz gingen die Männer zum König.

Sie schmeichelten ihm und sagten: „Großer König! Du bist der größte und mächtigste Mann im ganzen Reich. Erlass ein Gesetz, in dem jeder im Land verpflichtet ist, nicht seinen Gott, sondern dich anzubeten! Tut er es nicht, wird er den Löwen zum Fraß vorgeworfen. Wer dich mag, wird dich auch anbeten."

Dem König gefiel das neue Gesetz.

„Ja, das ist gut!", sagte er.

Er unterschrieb das Gesetz und ließ es durch Boten im ganzen Land verkünden.

Ab jetzt durfte niemand mehr zu Gott beten, sondern nur noch zu König Darius.

Alle Menschen im Land hielten sich an das neue Gesetz. Nur Daniel befolgte es nicht. Er tat das, was er immer schon gemacht hatte: Dreimal am Tag öffnete er sein

Fenster, das nach Jerusalem hin aufging. Er kniete sich auf den Boden und betete zu Gott um Schutz und Segen.

Als die Beamten das sahen, liefen sie sofort zum König und verklagten Daniel.

Sie sagten: „O König! Daniel achtet nicht auf dein Gesetz. Er betet jeden Tag weiter zu seinem Gott und nicht zu dir. Du musst ihn bestrafen und ihn vor die Löwen werfen lassen!"

König Darius erschrak, als er das hörte, und war sehr traurig. Er wollte Daniel, den er sehr liebte, nicht bestrafen, denn er war ein guter Mensch.

Aber die Beamten drängten den König und sagten: „Das Gesetz, das du erlassen hast, darf nicht gebrochen werden. Das Wort des Königs muss gelten. Daniel muss vor die Löwen geworfen werden."

Da musste der König nachgeben.

Er ließ Daniel zu sich kommen. Gern hätte er ihm geholfen, aber er konnte es nicht. Das Gesetz, das er unterschrieben hatte, musste eingehalten werden.

Der König sprach zu Daniel: „Möge dein Gott, zu dem du so oft betest, dich vor den Löwen beschützen!"

Daniel wurde zu der Grube im Schlosshof geführt, in der die Löwen waren.

Die Diener des Königs warfen ihn zu den hungrigen Tieren. Auf die Grube legten sie einen schweren Stein als Deckel. So konnte niemand Daniel befreien.

Der König saß traurig in seinem Palast. Er wollte nicht essen und nicht trinken. Die ganze Nacht konnte er keinen Schlaf finden. Er musste die ganze Zeit nur an Daniel denken.

Er sagte zu sich: „Wie dumm und ungerecht bin ich doch gewesen! Ob sein Gott ihm wohl helfen wird?"

Am nächsten Morgen lief der König eilig zur Löwengrube. Sein Herz klopfte.

Schon von Weitem rief er: „Daniel, Daniel, du Knecht Gottes! Lebst du noch? Hat dich dein Gott vor den Löwen retten können?"

Plötzlich antwortete ihm Daniel: „Ja, mein König! Gott hat mir seinen Engel gesandt und den Rachen der Löwen verschlossen. Ich bin heil und gesund. Denn ich bin unschuldig und habe vor Gott nichts Unrechtes getan!"

Der König freute sich und war glücklich.

Sofort ließ er Daniel aus der Löwengrube herausholen. Dann ließ er die Männer in die Grube werfen, die Daniel bei ihm angeklagt hatten.

Die Löwen fielen gleich über sie her und fraßen sie auf. Das war die Strafe für die bösen Lügen über Daniel.

Darauf ließ König Darius ein neues Gesetz machen, das bestimmte: „Alle Menschen in meinem Reich sollen zum Gott Daniels beten. Er hat Daniel geholfen. Er ist ein großer und mächtiger Gott. Er rettet alle, die ihn lieben. Die Erde ist voll von seinen Zeichen und Wundern. Seine Herrschaft soll kein Ende haben!“

Nach Daniel 6,2-29

Lassen Sie erzählen:

- Erinnern Sie sich an ein Erlebnis, bei dem Ihnen Ihr Glaube geholfen hat, obwohl die Situation ausweglos erschien?
- Ist es Ihnen schon passiert, dass Sie ein Gesetz oder eine Regel verletzt haben, die Sie nicht kannten?
- An welche Begegnungen mit Beamten erinnern Sie sich besonders?
- Woran denken Sie, wenn Sie den Namen „Babylon" hören?

Gottes Engel beschützt Tobias

Vor langer Zeit lebte in Israel ein Mann mit Namen Tobit. Er war ein frommer Jude und lebte streng nach den Geboten Gottes. Wegen seiner guten Taten war er bei vielen Menschen sehr beliebt. Mit seiner Frau Hanna hatte er einen Sohn, der Tobias hieß.

Eines Tages sagte Tobit, der durch ein Unglück blind geworden war, zu Tobias: „Mein Sohn, ich habe einem

Verwandten, der weit weg von hier wohnt, viel Geld zum Aufbewahren gegeben. Nun bin ich alt und kann nicht mehr sehen. Geh du für mich hin und hole mir das Geld zurück!"

Tobias antwortete: „Ich kenne den Weg in das fremde Land nicht, Vater."

Darauf sagte Tobit: „Such dir einen Reisegefährten, der dir den Weg zeigen kann! Ich will ihn reich entlohnen, solange ich noch am Leben bin."

Tobias machte sich auf die Suche nach einem Reisebegleiter, der den Weg kannte.

Schon bald fand er einen jungen Mann, der gern mit ihm gehen und ihn auf der weiten und gefährlichen Reise beschützen wollte.

Dieser junge Mann war ein Engel, den Gott Tobias geschickt hatte. Doch das wusste er nicht.

Der Vater war mit dem Reisegefährten einverstanden.

Bevor die beiden sich auf den Weg machten, gab ihnen Tobit seinen Segen.

Er sprach: „Reiset glücklich! Gott im Himmel beschütze euch auf eurer Wanderung und sein Engel begleite euch!"

Darauf machten sich Tobias und sein Begleiter auf die Reise.

Schon bald kamen die beiden an einen Fluss.

Tobias stieg ins Wasser, um darin zu baden. Da schoss plötzlich ein großer Fisch aus dem Wasser hervor und schnappte nach ihm.

Tobias hatte große Angst.

„Zu Hilfe!", rief er laut und winkte seinem Reisebegleiter zu. „Er will mich fressen, Herr!"

Doch der Reisebegleiter blieb ganz ruhig und rief zurück: „Pack den Fisch bei den Kiemen und zieh ihn aus dem Wasser heraus!"

Tobias tat dies und warf den Fisch ans Ufer.

Der Engel sagte zu Tobias: „Schneide den Fisch auf! Nimm die Galle heraus und bewahre sie gut auf! Wenn man die Augen eines Blinden damit bestreicht, wird er geheilt und kann wieder sehen!"

Tobias tat, was der Engel ihm gesagt hatte. Er dachte dabei an seinen blinden Vater zu Hause, den er nach seiner Rückkehr mit der Galle des Fisches von seiner Krankheit heilen wollte.

Dann brieten die beiden den Fisch über einem Feuer, schnitten ihn in Stücke und aßen ihn.

Kurz darauf zogen Tobias und sein Begleiter weiter.

Der Gefährte führte Tobias sicher und tat ihm viel Gutes auf der weiten Reise.

Nach einiger Zeit kamen sie in eine Stadt, in der ein Freund des Vaters wohnte. Dieser hieß Raguel und hatte eine schöne Tochter, die Sara genannt wurde.

Als Tobias das Mädchen sah, gewann er sie lieb.

Da sagte der Reisegefährte zu Tobias: „Ich will mit dem Vater des Mädchens reden, dass er sie dir zur Frau geben soll. Das Mädchen ist für dich von Gott bestimmt."

Der Gefährte redete mit dem Vater.

Dieser war damit einverstanden, dass seine Tochter den jungen Tobias heiratete.

Saras Vater veranstaltete für seine Tochter und Tobias ein prächtiges Hochzeitsfest. Es dauerte 14 Tage.

In dieser Zeit reiste der Begleiter weiter zu dem Mann, der für Tobit das Geld aufbewahrt hatte. Er bekam das Geld und kehrte zu Tobias zurück.

Tobias drängte zur Rückreise.

Er sagte: „Mein Vater macht sich große Sorgen, wenn ich zu lange wegbleibe."

Saras Vater gab dem jungen Paar die Hälfte seines Vermögens. Er segnete und küsste die beiden zum Abschied.

Dann machten sich Tobias und Sara mit dem Begleiter auf den Heimweg.

Nach langer Zeit kamen die Reisenden im Elternhaus von Tobias an.

Tobit und Hanna umarmten ihren Sohn und weinten vor Freude.

Sogleich nahm Tobias etwas von der Galle des Fisches und bestrich damit die Augen seines Vaters. Da konnte der alte Tobit wieder sehen.

Darauf erzählte Tobias seinen Eltern, dass er auf seiner Reise eine Frau gefunden und geheiratet habe. Er stellte ihnen Sara vor.

Tobit segnete sie und sagte: „Sei willkommen, meine Tochter! Gepriesen sei Gott, der dich zu uns geführt hat, und gesegnet seien dein Vater und deine Mutter!"

Sodann berichtete Tobias, wie viel Gutes sein Begleiter ihm unterwegs erwiesen hatte.

Tobit wollte ihn für seine Dienste belohnen. Er sprach zu ihm: „Du warst ein guter Reisegefährte. Du hast meinen Sohn sicher geführt und ihm wunderbar geholfen.

Nimm als Lohn die Hälfte von dem, was ihr mitgebracht habt!"

Jetzt erst gab sich der junge Mann zu erkennen und sagte: „Ich bin Rafael, einer der sieben heiligen Engel, die vor Gott stehen und die Gebete der Frommen vor ihn bringen. Sagt nicht mir euren Dank, sondern Gott! Lobt und preist ihn und erzählt überall von seinen großen Taten!"

Tobit, Hanna, Tobias und Sara erschraken sehr und fielen voller Furcht vor dem Engel nieder.

Der Engel aber sagte: „Fürchtet euch nicht! Weil Gott es wollte, bin ich als Begleitengel zu euch gekommen. Nun kehre ich wieder zu dem zurück, der mich gesandt hat."

Als sie wieder aufblickten und sich erhoben, sahen sie den Engel nicht mehr. Sie lobten und priesen Gott für seine Güte.

Allen Menschen, die sie trafen, erzählten sie von seinen großen und wunderbaren Taten, wie es ihnen der Engel gesagt hatte.

Nach Tobit 4,1–12,22

Lassen Sie erzählen:

* Hatten Sie schon einmal das Gefühl, ein Engel würde Ihren Weg begleiten?
* Welches war Ihre schönste Begegnung auf Reisen?
* Kennen Sie solch ungewöhnliche Heilmittel wie die Galle des Fisches? Was ist es? Wogegen hilft es?
* Dieses Gebet eignet sich zum Abschluss:

Großer und guter Gott,
du hast Tobias einen Engel
als Begleiter geschickt.
Er hat ihn sicher geleitet
und ihm auf der weiten Reise
viel Gutes getan.
Ich bitte dich:
Schick auch mir deinen Engel,
der immer mit mir geht
und mich sicher behütet –
heute, morgen
und an jedem neuen Tag!
Amen.

Jona und der Riesenfisch

Im Land der Assyrer gab es vor langer Zeit die große Hauptstadt Ninive. Sie war weltbekannt. Die Menschen, die dort lebten, waren grausam und böse. Sie lebten ohne Gott. Immer wieder fielen sie über die Völker her, die um sie herum wohnten.

Gott hatte dem schlimmen Treiben der Menschen lange zugesehen. Doch jetzt war seine Geduld zu Ende.

Er rief den Propheten Jona, einen frommen Juden, und sagte zu ihm: „Verlasse dein Land und geh in die Landeshauptstadt Ninive! Sag dort den bösen Menschen und ihrem grausamen König: ‚Gott wird euch wegen eurer Schlechtigkeit bestrafen. Er wird eure Stadt zerstören, wenn ihr nicht eure bösen Taten bereut und euer Leben ändert.'"

Doch Jona wollte nicht nach Ninive gehen. Er wollte mit den schlechten Menschen dort nichts zu tun haben und ihnen nicht den Untergang androhen. Er wollte nur den Menschen in Israel Gottes Botschaft verkünden, aber nicht fremden Leuten, die nicht zum Volk Gottes gehörten!

Jona beschloss, Gott nicht zu gehorchen. Er ging zum Hafen nach Jafo und bestieg dort ein Schiff.

Das Schiff fuhr über das große Meer, weit, weit fort von Ninive.

„Hier wird mich Gott nicht suchen und nicht finden", dachte Jona im Stillen.

Er stieg in den untersten Raum des Schiffes und legte sich schlafen, weil er müde war. Er wollte lange schlafen, dann brauchte er nicht an Gott und seinen Auftrag zu denken.

Während Jona tief und fest schlief, zog plötzlich ein schweres Unwetter auf. Gott schickte einen heftigen Sturm über das Meer.

Das kleine Schiff schaukelte hin und her. Ja, es drohte sogar auseinanderzubrechen.

Einen solchen Sturm hatte noch keiner der Seeleute auf dem Schiff erlebt.

Der Kapitän und die Matrosen hatten große Angst. Sie flehten ihre Götter an und baten sie, sie vor dem Ertrinken zu retten.

In ihrer Not nahmen sie ihre ganze Ladung und warfen sie ins Meer, damit das Schiff leichter wurde und nicht sinken musste.

Es nützte nichts. Der Sturm tobte immer stärker.

Der Kapitän stieg zu Jona ins Schiff hinunter und weckte ihn aus dem Schlaf.

„Wie kann man bei einem solchen Sturm nur schlafen?“, schrie er ihn an. „Steh auf und bete zu deinem Gott! Vielleicht hilft er uns. Sonst sind wir alle verloren!“

Jona erwiderte ihm: „Es nützt nichts, wenn ich bete. Ich bin Jude und ein Prophet Gottes. Gott, der Himmel und Erde erschaffen hat, hat diesen Sturm geschickt, weil ich vor ihm geflohen bin. Er will mich bestrafen. Werft mich ins Meer! Dann hört der furchtbare Sturm auf und euch wird nichts passieren."

Die Seeleute taten, was Jona gesagt hatte. Sie packten ihn an Händen und Füßen und warfen ihn ins Meer.

Sogleich legte sich der Sturm. Die Wellen beruhigten sich und das Meer tobte nicht mehr.

Der Kapitän und die Matrosen waren gerettet.

Jona, den die Seeleute über Bord geworfen hatten, trieb im Meer.

Da schickte Gott einen großen Fisch, der den Propheten verschluckte.

Jona war drei Tage und drei Nächte im Bauch dieses Fisches.

Hier in der Dunkelheit betete er zu Gott und sprach: „Großer und guter Gott! Ich war ungehorsam. Ich bin von dir weggelaufen. Du aber hast den Fisch geschickt und mich gerettet. Bitte, hol mich aus dem Fisch wieder heraus! Ich will alles tun, was du von mir verlangst."

Da befahl Gott dem Fisch, ans Ufer zu schwimmen und Jona an Land zu spucken.

Als Jona an Land war, befahl Gott ihm zum zweiten Mal: „Geh in die große Stadt Ninive und warne die Menschen und ihren König! Verkünde dort alles, was ich dir gesagt habe! Rufe es so laut aus, dass es alle Menschen in Ninive hören können!"

Sofort machte sich Jona auf den Weg und ging nach Ninive.

Dort stellte er sich auf den Marktplatz und rief: „Hört, ihr Leute von Ninive! Gott, der Herr des Himmels und der Erde, schickt mich zu euch. Er kann nicht länger mit ansehen, dass ihr so viel Schlechtes tut. Deshalb will er eure Stadt zerstören, wenn ihr nicht innerhalb von 40 Tagen umkehrt!"

Die Menschen bekamen große Angst.

Sie hörten Jona aufmerksam zu und erkannten, dass er Recht hatte.

Sie wollten immer mehr von diesem Gott hören, von dem der Prophet zu ihnen sprach. Und je länger sie ihm zuhörten, umso deutlicher wurde ihnen, wie schlecht ihr Denken und Handeln war.

Den Menschen von Ninive tat es leid, was sie getan hatten.

Sie fasteten und zogen Bußkleider an.

Sie wandten sich an Gott, beteten zu ihm und baten ihn um Vergebung. Große und Kleine, Reiche und Arme, Männer und Frauen, Eltern und Kinder, auch der König, sie alle versprachen Gott, ihr Leben von Grund auf zu ändern.

Nach Jona 1,1–2,2; 2,11–4,11

Lassen Sie erzählen:

* Haben Sie schon einmal von der Stadt Ninive gehört? Waren Sie vielleicht schon dort oder an einem anderen Ort aus der Bibel?
* Wer hat Ihnen geholfen, als Sie einmal in großer Not waren?
* Was verbinden Sie mit Fischen?
  - Essen Sie gern Fisch?
  - Haben Sie geangelt?
  - Besaßen Sie ein Aquarium?
  - Haben Sie Fische gezüchtet?
* Fällt Ihnen eine besonders schöne Geschichte rund um einen Fisch ein?

Jesus kommt zur Welt

In Nazaret, einem kleinen Ort im Land Israel, wohnte eine junge Frau mit Namen Maria. Sie war verlobt mit einem Mann, der Josef hieß.

Josef stammte aus der Familie von König David, der vor langer Zeit geherrscht hatte. Er war Zimmermann.

Eines Tages kam der Engel Gabriel zu Maria und sagte: „Freue dich, Maria! Ich habe dir etwas Schönes zu sagen.

Gott will, dass du ein Kind bekommst, einen Sohn. Ihm sollst du den Namen Jesus geben."

Maria wunderte sich sehr und fragte: „Wie soll denn das geschehen? Ich bin doch noch gar nicht verheiratet."

Da antwortete der Engel: „Der Vater des Kindes wird Gott selbst sein. Darum wird es auch kein gewöhnliches Kind sein. Es wird Gottes Sohn genannt werden."

Als Maria das hörte, sagte sie zu dem Engel: „Ja, ich bin zu allem bereit, was Gott von mir möchte. Alles soll so geschehen, wie du gesagt hast."

Dann verließ sie der Engel.

Maria freute sich auf das Kind, das sie bekommen sollte, denn sie wusste: Es ist Gottes Sohn.

Die Monate vergingen und bald kam die Zeit, dass Maria ihr Kind zur Welt bringen sollte.

Da traf plötzlich eine Nachricht aus Rom ein.

Kaiser Augustus wollte wissen, wie viele Leute in seinem Reich lebten. Er befahl: „Alle gehen in den Ort, in dem sie geboren sind. Dort müssen sie sich melden und in eine Liste eintragen lassen."

Josef erschrak. Er stammte aus Betlehem, der Stadt König Davids. Diese Stadt lag von Nazaret sehr weit weg.

Aber Josef musste tun, was der Kaiser befohlen hatte.

So machte er sich zusammen mit Maria auf die beschwerliche Reise nach Betlehem.

Müde und erschöpft kamen Josef und Maria in der Stadt an. Es war schon Abend geworden.

Maria spürte, dass ihr Kind bald zur Welt kommen würde.

Sie suchten ein Zimmer zum Übernachten, doch es war keines mehr frei. Die Stadt war mit Fremden, die sich zählen lassen wollten, völlig überfüllt.

Schließlich entdeckten Maria und Josef vor der Stadt einen Stall, in dem sie unterkommen konnten.

In dem Stall kam bald darauf der kleine Jesus zur Welt.

Maria wickelte das Kind in Windeln und legte es in das Stroh einer Futterkrippe, die eigentlich für die Tiere bestimmt war.

In der Nähe des Stalles waren einige Hirten auf dem Feld. Sie verbrachten die Nacht im Freien, um auf ihre Schafe aufzupassen.

Plötzlich wurde es mitten in der Nacht taghell.

Da stand auf einmal ein Engel Gottes vor ihnen.

Die Männer erschraken sehr und hatten große Angst.

Der Engel sagte zu den Hirten: „Fürchtet euch nicht! Ich habe eine gute Nachricht für euch. Das ganze Volk wird sich darüber freuen. Heute wurde in Betlehem Jesus, der Retter der Welt, geboren. Geht und sucht ihn! Er ist in Windeln gewickelt und liegt in einer Futterkrippe."

Auf einmal waren neben dem Engel noch viele andere Engel da.

Sie lobten Gott und sangen: „Ehre sei Gott in der Höhe! Und auf Erden ist Friede bei allen Menschen, die sich von ihm lieben lassen!"

Dann verließen die Engel die Hirten und kehrten zu Gott zurück.

Sofort machten sich die Hirten auf den Weg nach Betlehem.

In einem Stall fanden sie Maria und Josef und das neugeborene Kind in der Krippe.

Die Hirten erzählten, was ihnen der Engel über das Kind gesagt hatte. Maria wunderte sich über ihre Worte und dachte über alles nach, was geschehen war.

Dann gingen die Hirten wieder zu ihren Schafen zurück. Sie waren glücklich und dankten Gott für die große Freude, die er ihnen mit der Geburt des Jesuskindes gemacht hatte. Allen Leuten, die sie unterwegs trafen, erzählten sie, was sie gesehen und erlebt hatten.

Bald darauf sahen drei weise Männer, es waren Sterndeuter, in einem fernen Land einen besonderen Stern am Himmel.

Die Weisen namens Caspar, Melchior und Balthasar sagten: „Das ist ein Königsstern. Ein Königskind wurde geboren. Kommt, wir wollen es suchen und ihm schöne Geschenke bringen!"

Die Männer folgten dem Stern am Himmel.

In Jerusalem fragten sie König Herodes nach dem neugeborenen Kind.

Der König erschrak und fragte seine Berater: „Wo soll der neue König geboren sein?"

Diese antworteten: „In Betlehem. So haben es unsere Väter vorausgesagt."

König Herodes schickte die Sterndeuter nach Betlehem.

Er sagte zu ihnen: „Geht und sucht das Kind! Und wenn ihr es gefunden habt, dann kommt wieder zu mir! Lasst mich wissen, wo es ist! Dann kann auch ich hingehen und es begrüßen und beschenken."

Darauf reisten die drei weisen Männer weiter. Der Stern, den sie entdeckt hatten, zog wieder vor ihnen her und zeigte ihnen den Weg. In Betlehem blieb der Stern genau über einem Stall stehen.

Jetzt wussten die Sterndeuter: „Hier muss der neugeborene König sein. Hier werden wir das Königskind finden."

Die Sterndeuter gingen in den Stall hinein und sahen dort Maria, Josef und das Jesuskind. Sie waren sehr glücklich und freuten sich. Ihre weite Reise hatte sich gelohnt: Sie hatten Jesus, den neugeborenen König der Juden, gefunden!

Die Männer knieten auf dem Boden nieder und beteten Jesus an.

Dann schenkten sie ihm, was sie mitgebracht hatten: Gold, Weihrauch und Myrrhe. Das waren sehr wertvolle Geschenke, die man nur einem König machte. Und Jesus war ein König!

In der darauffolgenden Nacht hatten die Sterndeuter einen Traum.

Sie hörten, wie eine Stimme zu ihnen sagte: „Geht nicht nach Jerusalem zu König Herodes zurück! Er ist ein grausamer und böser König und will das Kind töten."

Es war die Stimme Gottes, die so zu den Sterndeutern sprach.

Die Männer hörten auf diese Stimme. Sie gingen nicht zu König Herodes zurück. Sie verrieten ihm nicht, dass sie das Jesuskind gefunden hatten. Darum zogen sie auf einem anderen Weg wieder in ihr Land zurück.

Nach Lukas 2,1-20

Lassen Sie erzählen:

* Welches ist Ihre schönste Erinnerung an Weihnachten, an dem wir Jesu Geburtsfest feiern?
* Welches Bild haben Sie vor Augen, wenn Sie von dem Stall, der Krippe, Maria, Josef und dem Jesuskind hören?
* Dieses Gebet eignet sich zum Abschluss:

Lieber Gott,
vor vielen Jahren wurde Jesus
in Betlehem geboren.
Lange haben die Menschen
auf ihn gewartet.
Du hast ihn uns geschenkt
als Freund und Helfer,
als Retter der Menschen.
So lieb hast du uns.
Wir freuen uns darüber,
dass du unser Leben
hell und froh machst.
Danke, Gott, für Jesus,
deinen Sohn!
Amen.

Die Taufe Jesu im Jordan

An dem großen Fluss Jordan, der durch Israel fließt, lebte ein Prophet Gottes. Er hieß Johannes und wurde „der Täufer" genannt.

Viele Jahre hatte er in der Wüste gelebt und war dann zurückgekommen. Seitdem sprach er zu den Menschen, die von Jerusalem und aus der ganzen Gegend zu ihm kamen, von der Botschaft Gottes.

Johannes war ein ganz einfacher Mensch. Er trug ein Gewand aus Kamelhaaren und einen Ledergürtel. Er lebte nur von Heuschrecken und wildem Honig.

Johannes verkündete den Menschen: „Ändert euer Leben und seid nicht mehr so schlecht und böse! Kehrt um und bekennt eure Sünden! Fangt ein neues, gutes Leben an! Bald wird der Herr, euer Retter, zu euch kommen. Lasst euch taufen, damit Gott euch eure Schuld vergibt!"

Damit erfüllte sich, was schon der Prophet Jesaja über Johannes den Täufer vorausgesagt hatte: „Eine Stimme ruft in der Wüste: Bereitet dem Herrn den Weg! Ebnet ihm die Straßen!"

Immer mehr Menschen kamen an den Jordan, um Johannes zu sehen und zu hören. Ihnen allen sagte er, was sie tun sollten: „Wenn einer zwei Kleider hat, soll er eines dem geben, der keins hat. Und wer zu essen hat, soll es mit denen teilen, die nichts haben."

Es kamen auch Zöllner zu Johannes, die für das Eintreiben der Steuer zuständig waren.

Sie fragten ihn: „Meister, was sollen wir tun?"

Johannes sagte zu ihnen: „Nehmt den Leuten nicht mehr Geld ab, als im Gesetz vorgeschrieben ist!"

Den Soldaten, die ihm zuhörten, trug Johannes auf: „Misshandelt niemanden! Erpresst keinen, um Geld zu bekommen! Wendet keine Gewalt an! Seid zufrieden mit dem Lohn, den ihr für euren Dienst erhaltet!"

Alle, die umkehrten und ihre Fehler bereuten, taufte Johannes im Jordan.

Junge und Alte, Frauen und Männer, Arme und Reiche stiegen in das Wasser hinein.

Bei der Taufe sagte Johannes: „Das Wasser soll alles Schlechte und Böse von euch abwaschen. Gott wird euch alle eure Sünden verzeihen!"

Viele Leute fragten sich: „Wer weiß? Ob Johannes wohl der von Gott versprochene Erlöser ist?"

Doch Johannes erwiderte: „Nein, ich bin es nicht. Ich taufe euch nur mit Wasser. Es kommt einer, der stärker ist als ich. Ich bin nicht gut genug, um ihm die Schuhe zu tragen. Er wird euch mit Heiligem Geist taufen."

Eines Tages kam auch Jesus zu Johannes, um sich von ihm taufen zu lassen.

Johannes erkannte Jesus als den erwarteten Retter der Welt. Ja, das war Gottes Sohn, von dem er den Menschen erzählt hatte. Das war kein sündiger Mensch wie die anderen, die zu ihm kamen.

Jesus sagte zu Johannes: „Taufe mich!"

Erstaunt blickte Johannes ihn an und antwortete: „Du willst dich von mir taufen lassen? Das verstehe ich nicht. Wäre es nicht viel besser, wenn du mich taufen würdest?"

Jesus erwiderte ihm: „Wir wollen das tun, was Gott von uns verlangt. Tu das, um was ich dich bitte, und taufe mich!"

Da gab Johannes nach.

Er tauchte Jesus in das Wasser des Jordans und taufte ihn.

Als Jesus getauft und aus dem Wasser gestiegen war, öffnete sich plötzlich der Himmel.

Jesus sah den Geist Gottes wie eine Taube auf sich herabkommen.

Und eine Stimme aus dem Himmel sprach: „Du bist mein lieber Sohn. An dir habe ich meine Freude."

Da wusste Johannes: Gott hat Jesus geschickt. Er soll den Menschen von Gott erzählen und ihnen sagen, wie lieb er sie hat. Er soll ihnen zeigen und helfen, wie sie ein gutes Leben führen können.

Auch für Jesus war seine Taufe ein besonderes Ereignis. Sie machte ihm Mut, ganz für Gott da zu sein.

Gott selbst hatte zu ihm gesprochen und ihn „seinen geliebten Sohn" genannt. Nun wusste Jesus, was er zu tun hatte.

Nach Matthäus 3,1-17; Markus 1,1-11

Lassen Sie erzählen:

* Wissen Sie, wo und wann Sie getauft wurden?
* Welche Bedeutung spielte die Taufe in Ihrem weiteren Leben? Wurde daran erinnert? Wurde der Tag besonders begangen?
* Gibt es in Ihrer Familie besondere Rituale bei Tauffesten?
* Haben Sie an Taufzeremonien teilgenommen? Wie waren diese? Welche Rolle hatten Sie dabei?
  - Eltern des Täuflings?
  - Patentante oder Patenonkel?
  - Pfarrer oder Messdiener?
  - Gottesdienstbesucher?

Die ersten Jünger Jesu

Nachdem sich Jesus von Johannes hatte taufen lassen, zog er hinaus und begann, zu predigen.

Er erzählte den Menschen von der Liebe Gottes.

Am Sabbat las er in der Synagoge aus den heiligen Büchern vor und erklärte die Worte der Propheten.

Auch heilte Jesus zahlreiche Kranke und Gebrechliche, sodass immer mehr Leute auf ihn aufmerksam wurden.

Und es kamen immer mehr dazu. So viele, dass Jesus bald von allen Seiten umringt war.

Zuerst war Jesus noch allein, wenn er zu den Menschen sprach und sie heilte. Aber schon bald scharte er die ersten Jünger um sich.

Eines Tages ging er am Ufer des Sees Gennesaret entlang. Da sah er zwei Fischer, Simon Petrus und Andreas. Sie waren Brüder und warfen gerade ihre Netze aus.

Jesus wusste: „Die sind es!"

Er sprach die beiden Männer an: „Kommt mit mir! Ihr sollt jetzt nicht mehr Fische fangen. Ihr sollt von nun an Menschen für Gott gewinnen!"

Die beiden Fischer überlegten nicht lange. Sie brachten ihre Boote an Land und wurden seine Jünger. Sie ließen alles hinter sich zurück und folgten ihm nach.

Ein Stück weiter sah Jesus zwei weitere Fischer, Jakobus und Johannes. Sie waren ebenfalls Brüder und saßen mit ihrem Vater Zebedäus in einem Fischerboot.

Die Männer reinigten und flickten gerade ihre Netze für den nächsten Fischfang.

„Kommt mit!", rief Jesus den beiden Brüdern zu. „Gott braucht euch. Wir wollen zusammen Menschen sammeln für sein Reich."

Auch Jakobus und Johannes überlegten nicht lange. Sie verließen ihr Boot, nahmen Abschied von ihrem Vater und gingen mit Jesus.

Nun hatte Jesus schon vier Jünger. Und es dauerte nicht lange, da kam ein fünfter hinzu.

Als Jesus weiterging, sah er einen Zöllner an einem Zollhaus sitzen.

Es war Levi, der auch Matthäus genannt wurde. Er verlangte von allen Leuten, die in die Stadt hineingehen wollten, ein Zollgeld.

Jesus wusste, dass die Zöllner bei den meisten Menschen einen schlechten Ruf hatten. Sie arbeiteten für die römische Besatzungsmacht. Sie nahmen gern mehr Steuern von den Leuten, als vorgeschrieben war. So bereicherten sie sich auf Kosten anderer und keiner konnte sich dagegen wehren.

Die Bevölkerung nannte die Zöllner Diebe und Räuber. Weil sie, wie die Diebe und Räuber, das Gebot „Du sollst nicht stehlen“ übertraten, galten sie als unrein. Im Tempel durften sie keine Opfer bringen.

„Gott hat sie verworfen“, sagten die Pharisäer und die anderen frommen Juden. Jesus wusste das alles. Dennoch ging er auf Levi zu und erzählte ihm von Gott und seiner Botschaft. Der Mann hörte zu und wollte immer mehr wissen.

„Komm mit mir", sagte Jesus schließlich. „Ich brauche dich. Du sollst mein Jünger sein."

Wie erlöst sprang Levi auf. Er ließ alles stehen und liegen und ging mit Jesus mit. Zollhaus und Steuern interessierten ihn ab jetzt nicht mehr.

Levi lud Jesus und seine Jünger in sein Haus ein.

Er sagte zu ihnen: „Bitte, kommt zu mir und seid meine Gäste!"

Und Jesus kam mit seinen Freunden in Levis Haus.

Levi hatte eine Mahlzeit für seine Gäste vorbereitet.

Viele andere Zöllner kamen hinzu, die auch zum Essen eingeladen waren.

Auch andere Menschen, die bei den Leuten einen schlechten Ruf hatten, saßen mit am Tisch.

Jesus und seine Jünger waren mitten unter ihnen.

Einige Pharisäer sahen, wie Jesus mit diesen verachteten Leuten am Tisch zusammensaß und mit ihnen speiste.

Sie ärgerten sich darüber und fragten seine Jünger: „Wie kann sich euer Meister mit Zöllnern und anderem Gesindel an einen Tisch setzen? Er muss doch wissen, was das für Leute sind! Warum tut er das?"

Jesus hörte die Fragen der Pharisäer und gab ihnen selbst die Antwort.

Er sagte: „Ich will euch sagen, warum ich hier sitze. Nicht die Gesunden brauchen einen Arzt, aber die Kranken."

Weiter sagte Jesus: „Ich bin nicht zu denen gekommen, bei denen alles in Ordnung ist. Ich will für die da sein, die mich brauchen. Gott lädt gerade die Ausgestoßenen, die Verachteten und die Sünder in sein Reich ein."

Nach kurzer Zeit nahm Jesus neben Simon Petrus, Andreas, Jakobus, Johannes und Levi, genannt Matthäus, noch sieben andere Männer in seinen Jüngerkreis auf.

Nun waren es zwölf Männer, die mit Jesus gingen und seine engsten Freunde wurden. Wirkliche Freunde, die ihn liebten und zu ihm hielten.

Die sieben anderen Männer waren ebenfalls einfache Leute. Dazu gehörte auch Judas Iskariot, der später zum Verräter wurde.

Wer von den Menschen die kleine Gruppe von einem Ort zum anderen durch das Land ziehen sah, wusste es bald und sagte es weiter: „Seht, da kommt Jesus mit seinen zwölf Jüngern!"

Nach Markus 1,16-20; 2,13-14; Lukas 5,1-11

Lassen Sie erzählen:

* Was wissen Sie über die Jünger Jesu?
* Ist einer der Jünger womöglich Ihr Namenspatron? Was wissen Sie über Ihren Namenspatron?
* Wie haben Sie Ihre Freunde gefunden?
* Haben Sie Freunde, die Sie durch einen Großteil Ihres Lebens begleiten? Was verbindet Sie miteinander?
* Haben auch Sie einmal Ihren Beruf und Ihr Zuhause aufgegeben, weil Sie eine Aufgabe gefunden haben, die Sie mehr als alles begeistert hat?

Lassen Sie erzählen:

* **Dieses Gebet eignet sich zum Abschluss:**

Lieber Herr Jesus!
Vor langer Zeit
hast du dir Freunde gesucht,
die dir bei der Arbeit halfen.
Du hast ihnen gesagt:
„Kommt mit mir!“
Darauf sind sie dir gefolgt.
Auch ich möchte dir folgen
und immer in deiner Nähe sein.
Ich möchte alles tun,
was du von mir willst.
Bitte, hilf mir,
dass mir dies gut gelingt!
Amen.

Jesus rettet ein Fest

In der Nähe des Sees Gennesaret in Galiläa lag das kleine Dorf Kana. Dort lebte ein junges Paar, das heiraten wollte. Es bereitete ein großes Hochzeitsfest vor und lud alle Verwandten, Bekannten und Freunde zu einer gemeinsamen Feier ein.

Viele Menschen waren der Einladung des Hochzeitspaares gefolgt.

Auch Jesus, seine Jünger und seine Mutter waren gekommen. Sie wollten mit dem jungen Paar und den anderen Gästen ein großes und schönes Fest feiern.

Das Fest begann und alle waren froh und glücklich.

Die Diener stellten die köstlichsten Speisen auf den Tisch und gossen den Gästen Wein in die Becher. Der Küchenmeister achtete darauf, dass keinem etwas fehlte.

Alle eingeladenen Gäste durften essen und trinken, so viel sie wollten. Auch Musik wurde gemacht und es wurden fröhliche Lieder gesungen.

Als die Feier schon eine Weile gedauert hatte, geschah etwas weniger Schönes:

Den Brautleuten ging plötzlich der Wein aus. Es war kein Tropfen Wein mehr in den Krügen. Die Diener hatten alles ausgeschenkt. Wie sollte nun das fröhliche Fest weitergehen?

Die Brautleute waren verzweifelt. Sie wurden immer unruhiger und aufgeregter, denn sie wussten nicht, was sie ihren Festgästen jetzt zum Trinken anbieten sollten.

Traurig und verlegen fragten sie sich: „Was werden die Eingeladenen denken, wenn sie statt Wein Wasser zu trinken bekommen? Und das mitten im Fest, jetzt, wo alle so fröhlich sind!“

Diese Panne war schlimm für das Brautpaar. Traurig saßen sie am Tisch. Was sollten sie nun tun?

Als Einzige unter den Gästen hatte Maria, die Mutter Jesu, gemerkt, dass der Wein weggetrunken war und die Brautleute verzweifelt waren.

Sie wollte gern helfen, aber sie konnte es nicht.

Da ging sie zu Jesus und sagte leise zu ihm: „Die Brautleute haben keinen Wein mehr. Ihr Vorrat ist aufgebraucht. Hilf ihnen doch, den armen Menschen!"

Darauf antwortete ihr Jesus: „Was ich tun muss, geht mich ganz allein etwas an. Mich allein und nicht dich! Was willst du von mir? Meine Zeit ist noch nicht gekommen!"

Maria kannte ihren Sohn. Sie war ganz sicher, dass er nicht mit ansehen konnte, wenn Menschen unglücklich und verzweifelt waren. Sie wusste, dass Jesus irgendwann dem Brautpaar helfen würde.

Deshalb ging sie zu den Dienern, deutete auf Jesus und sagte zu ihnen: „Tut alles, was er euch sagt!"

Kaum hatte Maria das gesagt, da kam auch schon Jesus zu den Dienern heraus.

Neben ihnen standen sechs große Krüge mit Wasser. Sie waren aus Ton geformt und jeder Krug fasste gut und gern 100 Liter. Das Wasser war für die Gäste bestimmt. Sie wuschen sich damit die Hände, bevor sie zum Essen gingen. Außerdem brauchte man viel Wasser, um damit alle Schüsseln, Tassen und Becher zu reinigen, die auf dem Fest gebraucht wurden.

Jesus sprach zu den Dienern: „Füllt diese Krüge bis oben hin mit Wasser!“

Die Diener liefen sogleich los und füllten sie bis zum Rand mit Wasser. Sie dachten daran, was Maria ihnen gesagt hatte: „Was er euch sagt, das tut!“

Die Diener schauten auf Jesus. Was hatte er vor? Wozu brauchte er so viel Wasser?

Jesus sagte zu ihnen: „Schöpft etwas von dem Wasser in einen Becher! Bringt ihn zum Küchenmeister, der hier für das Essen und Trinken verantwortlich ist, und lasst ihn probieren!“

Die Diener taten alles, was Jesus ihnen sagte.

Sie füllten aus einem der Krüge einen Becher mit Wasser und brachten ihn zum Küchenmeister.

Dieser trank einen Schluck von dem Wasser, das zu köstlichem Wein geworden war.

„Was für ein köstlicher Wein!“, wunderte sich der Küchenmeister.

Sogleich rief er nach dem Bräutigam, hielt ihm den Becher hin und sagte zu ihm: „Was hast du gemacht?

Sieh, dieser Wein ist ja viel besser als der vorherige Wein! Warum hast du diesen köstlichen Wein bis jetzt aufgespart?"

Weiter sagte der Küchenmeister: „Jeder, der ein Fest gibt, bietet den Gästen zuerst den besten Wein an. Und später, wenn alle reichlich getrunken haben, kommt der billige Wein auf den Tisch. Du aber hast den besten Wein zurückgehalten und hebst ihn für den Schluss auf."

Der Bräutigam wusste nicht, was er sagen sollte. Er begriff nicht, woher der herrliche Wein kam. Er hatte keinen Wein aufbewahrt und zurückbehalten.

Jetzt konnte das Fest weitergehen. Und es wurde noch viel schöner und fröhlicher als vorher.

Alle tranken von dem köstlichen und herrlichen Wein und waren glücklich. Jesus hatte dafür gesorgt, dass Wasser zu Wein geworden war.

Was hier passiert war, war ein Wunder, ein Zeichen für die Macht und Herrlichkeit Jesu.

Übrigens war es das erste Wunder, das Jesus unter den Menschen gewirkt hat! Die Jünger, die Jesus auf dem Fest begleiteten, sahen, was er Unvorstellbares und

Unbegreifliches tun konnte. Sie erkannten, dass Jesus von Gott kam, und begannen, ihm immer mehr zu vertrauen. Sie durften erfahren: Da, wo Jesus ist, werden Menschen froh!

Nach Johannes 2,1–12

Lassen Sie erzählen:

* Welche Erinnerungen haben Sie an Ihre eigene Hochzeit?
* Wie war der Verlauf?
* Welche Speisen und Getränke wurden gereicht?
* Wer war eingeladen?
* Wie sah Ihr Brautkleid bzw. Ihr Hochzeitsanzug aus?
* Ist es Ihnen auch schon passiert, dass bei einem Fest die Getränke oder das Essen ausgegangen sind? Wie haben Sie das gelöst?
* An welche anderen Wunder von Jesus erinnern Sie sich? (Jungfrauengeburt, Taufe Jesu, Auferstehung Jesu Christi, Speisung der Fünftausend ...)

Die Speisung der Fünftausend

Die Jünger Jesu waren durch viele Städte und Dörfer gezogen. Sie hatten überall zu den Menschen gesprochen und ihnen von Gott erzählt.

Nun waren die Jünger zu Jesus zurückgekehrt. Sie wollten ihm alles erzählen, was sie unterwegs erlebt und getan hatten. Aber sie kamen gar nicht dazu, denn überall standen und saßen Menschen herum, um Jesus zuzuhören oder mit ihm zu sprechen. Viele wollten von ihren Krankheiten geheilt werden: Lahme, Blinde und Stumme.

Jesus sah, dass die Jünger müde und abgespannt waren. Auch hatten sie lange Zeit nichts mehr gegessen.

Da sagte Jesus zu ihnen: „Kommt, wir setzen uns in unser Boot und fahren zu einem ruhigen Ort. Dort sind wir für uns und können etwas essen und uns ein wenig ausruhen."

So fuhr Jesus mit den Jüngern über den See Gennesaret zu einer einsamen Stelle.

Aber viele Menschen hatten sie beim Abfahren beobachtet und Jesus im Boot erkannt. Andere hatten davon gehört und errieten, wohin sie wollten. Deshalb liefen sie am Ufer des Sees entlang bis zu dem Platz, wo Jesus und die Jünger mit dem Boot ankommen mussten.

Als Jesus an der Landestelle ankam und aus dem Boot ausstieg, warteten schon 5 000 Menschen auf ihn: Männer, Frauen und Kinder.

Immer mehr Leute kamen aus den umliegenden Dörfern und Städten hinzu. Alle wollten bei Jesus sein und ihm zuhören. Die Menschen konnten von Jesus nicht genug bekommen. In seiner Nähe waren sie glücklich, froh und zufrieden. Sie brauchten seine Worte zum Leben, so dringend, wie man Essen und Trinken braucht. Sie spürten, mit diesen Worten kann man glücklich leben.

Und was tat Jesus?

Er schickte die große Menschenmenge nicht weg.

Er sagte nicht: „Geht nach Hause, denn ich bin müde."

Er sagte auch nicht: „Ich habe jetzt keine Zeit für euch."

Nein, Jesus hatte Mitleid mit den Menschen. Er wusste, wie nötig sie ihn hatten. Viele kamen ihm vor wie verlorene Schafe ohne einen Hirten.

Daher begann Jesus, den Menschen von Gott zu erzählen. Er erklärte ihnen Gottes Wort und machte ihnen Mut, auf Gottes Liebe zu vertrauen.

Jesus sprach lange zu den Menschen und die Leute hörten ihm aufmerksam zu.

Außerdem heilte er viele Kranke, die die Leute mitgebracht hatten, und tröstete die Traurigen unter ihnen.

Es war Abend geworden und die Sonne ging bald unter.

Immer noch standen die Menschen bei Jesus und wollten ihn hören.

Da machten sich die Jünger Sorgen um die Leute. Sie erinnerten Jesus daran, dass es Zeit sei, aufzuhören und die Menschen fortzuschicken.

„Es ist bereits sehr spät und wir sind an einem einsamen Ort“, sagten die Jünger zu Jesus. „Schick die Menschen weg, damit sie sich in den umliegenden Dörfern etwas zu essen kaufen können! Hier gibt es keine Geschäfte, in denen sie sich etwas besorgen können.“

Jesus sah seine Jünger erstaunt an.

Verwundert fragte er sie: „Warum soll ich die Menschen von hier fortschicken? Gebt ihr ihnen doch zu essen!“

„Was sollen wir den Leuten denn geben?“, erwiderten die Jünger. „Sollen wir weggehen und Brot für so viele Menschen kaufen und herbeischaffen? Wir haben nur wenig Geld bei uns. Das reicht lange nicht aus, wenn jeder auch nur ein kleines Stück Brot bekommen soll.“

Jesus sah seine Jünger an und sagte dann: „Ihr habt doch auch Brote bei euch. Wie viele sind es denn? Geht hin und seht nach!“

Die Jünger sahen nach und sagten: „Wir haben genau fünf Brote und zwei Fische bei uns. Das ist alles. Aber wie sollen so viele Menschen davon satt werden?“

Jesus ließ sich die fünf Brote und die zwei Fische bringen.

Er bat die Jünger: „Sagt den Leuten, sie sollen sich in Gruppen ins grüne Gras setzen. Immer 50 oder 100 Menschen sollen eine Gruppe bilden!"

Daraufhin setzten sich die Männer, Frauen und Kinder in großen Kreisen zusammen.

Nun nahm Jesus die fünf Brote und die zwei Fische. Er schaute auf zum Himmel und dankte seinem Vater für das Essen. Anschließend streckte er seine Hände über den Broten und Fischen aus und segnete beides.

Dann brach Jesus die Brote und Fische in kleine Stücke und gab sie seinen Jüngern zum Verteilen.

Die Jünger gingen von Gruppe zu Gruppe und verteilten ein Stück Brot und Fisch nach dem anderen an die Leute. Jeder konnte so viel bekommen, wie er wollte.

Alle 5 000 Männer, Frauen und Kinder aßen und alle wurden satt.

Als die Menschen genug gegessen hatten, sagte Jesus zu den Jüngern: „Geht nun und sammelt die Reste der Brote und Fische in Körbe ein! Nichts soll verloren gehen und verderben."

Die Jünger taten es. Sie brauchten zwölf Körbe, um alles einzupacken, was noch übrig geblieben war.

Die Menschen staunten über das Wunder, das Jesus getan hatte: Mit fünf Broten und zwei Fischen hatte er sie alle satt gemacht!

Sie sagten: „Das ist wirklich der Prophet, der in die Welt kommen soll. Er ist der Retter, auf den wir warten. Wir wollen ihn zu unserem König machen. Dann wird er uns immer Brot geben, so viel wir wollen."

Die Menschen umringten Jesus und wollten ihn festhalten. Aber Jesus ließ es nicht zu. Er ließ die Leute einfach stehen und zog sich auf einen einsamen Berg zurück. Dort kniete er nieder und sprach mit seinem Vater im Himmel, er ganz allein.

Nach Markus 6,30-44; Johannes 6,1-15

Lassen Sie erzählen:

* Welche Erinnerungen verbinden Sie mit dieser Geschichte von der Speisung der 5 000 Menschen?
* Haben Sie erlebt oder gesehen, dass jemand sein Essen und Trinken geteilt hat?
* Wo fällt es Ihnen leicht, zu teilen? Wo schwerer?
* Haben Sie erlebt, wie Menschen sich um eine berühmte Person in ähnlicher Weise geschart haben?

Jesus macht Zachäus froh

An der Straße nach Jerusalem lag die große Handelsstadt Jericho. Dort lebte ein reicher Mann mit Namen Zachäus.

Er wohnte in einem schönen, großen Haus und hatte alles, was man sich nur wünschen konnte: viel Platz zum Wohnen, kostbare Teppiche und Vasen, wertvollen Schmuck und einen prächtigen Blumengarten.

Zachäus war ein Zöllner, ein Steuereinnehmer. Jeden Tag saß er im Zollhaus am Stadttor. Dort hielt er alle Leute an, die in die Stadt hineinwollten. Sie mussten ihm Zoll zahlen, sonst durften sie nicht in die Stadt hineingehen.

Zachäus forderte viel Geld von den Leuten. Viel mehr, als er verlangen durfte. Den einen Teil des Zolls gab er, wie vorgeschrieben, dem Kaiser in Rom. Den anderen Teil steckte er in die eigene Tasche.

Zachäus liebte Geld und konnte gar nicht genug davon bekommen.

Die Menschen in der Stadt verachteten und hassten diesen Mann. Keiner wollte etwas mit ihm zu tun haben.

Wenn die Leute ihn auf der Straße sahen, zeigten sie mit dem Finger auf ihn und sagten: „Seht, da geht der Gauner Zachäus. Er nimmt den Menschen ihr ganzes Geld weg. Er ist der größte Betrüger in Jericho."

Eines Tages saß Zachäus wieder an seinem Tisch im Zollhaus. Da sah er, dass an diesem Tag viele Menschen auf der Straße waren. Viel mehr als sonst.

„Was ist heute nur los?", fragte sich der Zöllner. „Warum ist denn die ganze Stadt auf den Beinen?"

Neugierig blickte Zachäus auf die vielen Menschen.

Da hörte er, wie die Leute aufgeregt durcheinanderriefen: „Jesus kommt in die Stadt!“ – „Der Mann aus Nazaret ist da!“ – „Kommt, lasst uns zu Jesus gehen!“

„Jesus?“, dachte Zachäus nachdenklich. „Das ist doch der Mann, der den Menschen im ganzen Land von Gott erzählt und der auch zu den Armen, Kranken und Sündern geht. Ich habe schon viele wunderbare Geschichten von ihm gehört. Einer seiner Freunde soll sogar ein Zöllner sein wie ich. Diesen Jesus muss ich unbedingt sehen.“

Schnell lief Zachäus zur Hauptstraße der Stadt.

Dicht gedrängt standen die Menschen am Straßenrand und warteten auf Jesus.

Weil Zachäus so klein war, konnte er nicht über die Leute, die vor ihm standen, hinwegschauen. Wie eine hohe Mauer standen sie vor ihm und versperrten ihm die Sicht.

Verzweifelt versuchte Zachäus, nach vorn zu gelangen. Aber niemand machte ihm Platz. Keiner ging für ihn beiseite.

Alle stießen ihn zurück und riefen: „Lasst Zachäus nicht nach vorn! Haltet ihn hinten, diesen Betrüger! Er gehört nicht zu uns!“

Da hatte Zachäus eine Idee. Er lief ein Stück voraus und kletterte auf einen Baum. Das war ein Maulbeerfeigenbaum. Er war mehrere Meter hoch und ragte mit seinen Zweigen über die Straße. Hier hatte Zachäus den besten Platz.

Dann war es so weit. Da kam Jesus mit seinen Jüngern die Straße entlang. Das war also der Mann, der auch die Bösen liebte!

Die Zuschauer am Straßenrand jubelten. Sie riefen und winkten Jesus zu, als er vorüberging.

Auf einmal blieb Jesus stehen. Genau unter dem Baum, in dem Zachäus saß.

Dem Zöllner stockte das Herz.

Jesus schaute zu ihm hinauf und rief: „Zachäus, steig schnell herunter vom Baum! Ich will dich heute besuchen und zusammen mit dir in deinem Haus essen!"

Zachäus traute seinen Ohren nicht. Damit hatte er nicht gerechnet. Noch nie hatte ihn jemand freiwillig besucht. Und jetzt wollte der berühmte Jesus zu ihm kommen? Das war die größte Überraschung.

Die Menschen, die alles gesehen und gehört hatten, ärgerten sich.

Sie sagten zueinander: „Warum geht Jesus ausgerechnet zu diesem bösen Menschen? Er ist doch ein Betrüger und ein Dieb! Warum kommt Jesus nicht zu uns?"

Zachäus sprang, so schnell er nur konnte, vom Baum herunter.

Er lief zu Jesus und führte ihn mit den Jüngern zu seinem Haus. Dort lud er seine Gäste zu Tisch und bot ihnen das Beste an, was er hatte.

Froh und gut gelaunt aßen und tranken sie zusammen.

Vor dem Haus des Zachäus versammelten sich viele Leute.

Sie beschimpften Zachäus und drohten ihm mit den Fäusten. Sie riefen so laut, dass es jeder im Haus hören konnte. Auch Jesus hörte sie schreien.

Nur zu gut wusste Zachäus, dass die Leute Recht hatten.

Zachäus schämte sich. Er wusste, dass er viele Menschen betrogen hatte. Er hatte ihnen viel mehr Geld abgenommen, als er durfte. Doch jetzt wollte er alles wieder in Ordnung bringen. Alle seine Fehler wollte er wiedergutmachen. Sein ganzer Reichtum gefiel ihm auf einmal nicht mehr.

Daher sagte Zachäus beim Essen zu Jesus: „Herr, ich weiß, dass ich kein guter Mensch bin. Aber ich will mich bessern. Die Hälfte von allem, was ich habe, will ich den Armen geben. Und wem ich zu viel Geld abgenommen habe, dem gebe ich viermal so viel zurück. Das verspreche ich dir."

Jesus blickte Zachäus freundlich an. Dann sagte er zu ihm: „Zachäus, heute ist für dich ein besonderer Tag. Du musst jetzt nie mehr traurig sein. Auch wenn dich die Leute nicht leiden können, Gott liebt dich. Ab heute kannst du ein neues Leben anfangen. Ich bin gekommen, um dir das zu sagen."

Zachäus freute sich und war sehr glücklich. Jetzt hatte er jemanden gefunden, der ihm half, gut zu sein.

Seit diesem Tag tat er nie mehr etwas Böses. Er fing an, ein neues Leben zu führen und alles für Gott zu tun.

Nach Lukas 19,1–10

Lassen Sie erzählen:

* Wem verdanken Sie Ihre Freude im Leben? Dem Reichtum und Geld oder der Zugehörigkeit zu den Menschen und der Freundschaft?
* In welcher Angelegenheit sind Sie auf einen Baum geklettert, um besser sehen zu können und nichts zu verpassen?
* Dieses Gebet eignet sich zum Abschluss:

Guter Jesus,
du hast alle Menschen geliebt.
Du hast die Sünder besucht
und mit ihnen gegessen.
Einer von ihnen war Zachäus.
Seinen Freunden und uns
hast du gesagt:
„Liebt einander!"
Einander lieben heißt:
füreinander da sein,
einander Gutes tun.
Bitte, hilf mir,
dass mir dies gut gelingt!
Amen.

Das letzte Essen mit den Jüngern

Das große Fest der Juden war das Paschafest. Am Abend feierte man zur Erinnerung an die Befreiung aus Ägypten das feierliche Paschamahl.

Auch Jesus wollte mit seinen Jüngern in Jerusalem das Paschamahl feiern.

Die Jünger Jakobus und Johannes kamen zu ihm und fragten: „Wo sollen wir das Paschamahl vorbereiten?"

Da sprach Jesus: „Geht in die Stadt! Dort werdet ihr einem Mann begegnen, der einen Wasserkrug trägt. Folgt ihm ins Haus und lasst euch den Raum zeigen, in dem ich mit euch das Paschamahl feiern kann!"

Die Jünger gingen und fanden alles so vor, wie Jesus es ihnen gesagt hatte.

Sie kauften ein Lamm, bittere Kräuter, Essig, Wein und ungesäuertes Brot und bereiteten das Mahl vor.

Am Abend kam Jesus mit den übrigen Jüngern. Er setzte sich mit ihnen an den festlich gedeckten Tisch.

Dann sagte er: „Ich habe mich sehr gefreut, dieses Fest mit euch zu feiern und das Paschamahl mit euch einzunehmen. Heute ist es das letzte Mal, dass wir zusammen sind. Jetzt wird es nicht mehr lange dauern, dann werden mich meine Feinde gefangen nehmen."

Bevor das Mahl begann, stand Jesus vom Tisch auf.

Er legte sein Obergewand ab und band sich eine Schürze um. Dann goss er Wasser in eine Schüssel und nahm einen Krug in die Hand. Damit ging er von einem zum anderen und fing an, jedem seiner Jünger die Füße zu waschen. Mit der Schürze trocknete er sie ab.

Als Simon Petrus an der Reihe war, sagte dieser zu Jesus: „Herr, du willst mir die Füße waschen? Du mir?"

Jesus antwortete ihm: „Was ich tue, kannst du jetzt noch nicht verstehen. Du wirst es aber später begreifen."

Doch Simon Petrus wehrte sich und sagte: „Nie und nimmer sollst du mir die Füße waschen!"

Jesus erwiderte ihm: „Wenn ich dir die Füße nicht wasche, kannst du nicht richtig zu mir gehören."

Da sagte Simon Petrus zu ihm: „Herr, wenn das so ist, dann wasche nicht nur meine Füße, sondern auch die Hände und das Haupt!"

Jesus antwortete ihm: „Dir brauche ich nur die Füße zu waschen. Du bist rein, aber nicht alle von euch sind es."

Jesus wusch allen Jüngern die Füße.

Als er fertig war, trug er die Waschschüssel zurück, band die Schürze ab und zog wieder sein Obergewand an.

Er setzte sich an seinen Platz am Tisch und sagte zu seinen Jüngern: „Ich habe euch die Füße gewaschen. Ich habe mich zu eurem Diener gemacht. So sollt auch ihr es machen. Ihr sollt einander dienen und euch gegenseitig helfen. Ihr sollt einander lieben, so wie ich euch liebe. Dann werdet ihr selig sein!"

Während sie bei Tisch waren und aßen, sagte Jesus plötzlich zu den Jüngern: „Nun wird es nicht mehr lange dauern, dass mich meine Feinde verhaften und töten werden. Und einer von euch, der hier mit am Tisch sitzt, wird ihnen dabei helfen. Der wird mich an sie verraten!"

Da wurden die Jünger traurig und einer nach dem anderen fragte ihn: „Doch nicht etwa ich?"

Jeder hatte Angst, er könnte es sein.

Jesus antwortete ihnen: „Es ist der, dem ich dieses Stück Brot gebe."

Darauf brach er das Brot und gab es Judas, dem Sohn des Simon Iskariot.

Als Judas den Bissen Brot genommen hatte, fuhr der Satan in ihn.

Jesus sagte zu ihm: „Was du tun willst, das tu bald!"

Da stand Judas auf und verließ den Raum. Er ging hinaus in die finstere Nacht, um in wenigen Stunden Jesus an die Feinde auszuliefern.

Nachdem Judas nach draußen gegangen war, sagte Jesus zu den Jüngern: „Ich muss bald sterben. So will es Gott. So haben es auch die Propheten schon vorausgesagt. Aber wehe dem Menschen, der mich verrät! Es wäre besser für ihn, wenn er nie geboren wäre!"

Jetzt war Jesus mit seinen wirklichen Freunden allein bei Tisch. Der Verräter war weg. Da nahm er eines der runden, flachen Brote in seine Hände und dankte Gott dafür.

Er brach das Brot in kleine Stücke und gab sie seinen Jüngern.

Dabei sprach Jesus: „Nehmt und esst alle davon! Dieses Brot ist mein Leib. So wie ich euch das Brot gebe, so gebe ich auch mein Leben für euch. Auf diese Weise bin ich immer bei euch."

Darauf nahm Jesus den Becher mit Wein in seine Hände. Er sprach das Dankgebet und gab ihn den Jüngern.

Er sagte: „Nehmt und trinkt alle daraus! Der Wein ist mein Blut. Es wird für euch vergossen. Auf diese Weise bin ich immer in euch."

Schweigend aßen die Jünger von dem Brot. Schweigend tranken sie aus demselben Kelch. Einer nach dem anderen.

Und Jesus fügte noch hinzu: „Tut dies zu meinem Gedächtnis! Das heißt: Feiert dieses Abendmahl immer wieder, bis ich einmal wiederkommen werde!"

Die Jünger haben das nie vergessen und immer getan.

Auch wir feiern heute noch immer dieses Abendmahl. Immer wenn wir im Gottesdienst das Brot essen und wenn wir vom Wein trinken, hält Jesus mit uns Mahl und schenkt uns seine Liebe und Nähe.

Nach Matthäus 26,17-29; Johannes 13,1-30

Lassen Sie erzählen:

* Welche Bedeutung hat diese Geschichte vom letzten Abendmahl in Ihrem Leben?
* Der Gründonnerstag ist der Gedächtnistag des letzten Abendmahls Jesu. Wie wird der Gründonnerstag in Ihrer Familie begangen?
* Erinnern Sie sich noch daran, als Sie zum ersten Mal die Worte „Dieses Brot ist mein Leben" gehört haben?
* Dieses Gebet eignet sich zum Abschluss:

Herr, Jesus Christus,
in Jerusalem hast du mit
deinen Freunden das Abendmahl
gefeiert und gesagt:
„Feiert dieses Mahl immer wieder,
bis ich wiederkomme!“
Immer wieder lädst du mich ein
zu deinem Mahl.
Du magst mich so sehr,
dass du mir alles gibst:
dein Leben und deine Liebe.
Dafür sage ich dir Danke!
Amen.

Die Auferstehung Jesu

Nach dem Abendmahl ging Jesus mit seinen Jüngern zum Ölberg in einen großen Garten, den man Getsemani nannte.

Es war schon dunkel geworden.

Die Jünger waren müde.

Jesus aber wollte beten. Er wusste: „Bald werde ich getötet." Und davor hatte er große Angst.

Jesus sagte zu den Jüngern: „Ihr dürft jetzt nicht einschlafen. Ihr sollt bei mir bleiben und für mich beten."

Aber die Jünger waren so müde, dass sie nicht wach bleiben konnten.

Da betete Jesus ganz allein.

Er sagte zu Gott: „Mein Vater, wenn es möglich ist, so mach, dass ich nicht so leiden muss! Aber nicht, was ich will, soll geschehen, sondern was du willst!"

Plötzlich kamen viele Soldaten mit Schwertern und Knüppeln in den Garten.

Judas führte sie.

Er sagte zu den Männern: „Den ich küssen werde, der ist es. Den müsst ihr gefangen nehmen und abführen."

Judas ging sofort auf Jesus zu und gab ihm einen Kuss.

Darauf packten die Soldaten Jesus und nahmen ihn fest.

Sie fesselten ihn wie einen gefährlichen Verbrecher, wie einen Räuber oder Mörder.

Als die Jünger das sahen, bekamen sie furchtbare Angst.

Sie dachten: „Jetzt können wir Jesus nicht mehr helfen. Wir müssen schnell weg von hier, sonst nehmen uns die Soldaten auch noch mit."

So schnell sie konnten, liefen sie nach allen Seiten davon und ließen Jesus allein.

Die Soldaten führten Jesus in den Palast des obersten Priesters Kajaphas.

Er wartete schon auf Jesus und wollte ihn verhören.

Neben ihm standen die anderen Priester und die Ältesten des Volkes.

Der oberste Priester sagte zu Jesus: „Sage uns, wer du bist! Bist du der Sohn Gottes?"

Jesus schaute ihn lange an und sagte dann: „Ja, ich bin es. Und bald werde ich bei Gott sein."

Da rief der oberste Priester: „Ihr habt es alle gehört. Jesus hat Gott beleidigt. Er sagt, dass er Gottes Sohn ist. Das ist eine Lüge!"

Dann fragte er die Männer, die bei ihm standen: „Was sollen wir jetzt tun?"

Die Männer ballten ihre Hände zu Fäusten und riefen: „Er soll am Kreuz sterben! Er ist ein Gotteslästerer."

Einige spuckten Jesus an, andere schlugen ihm ins Gesicht.

Der oberste Priester ließ Jesus fesseln und brachte ihn zum Statthalter Pontius Pilatus. Dieser sollte, als Vertreter des Kaisers in Rom, Jesus zum Tode verurteilen.

Pilatus sprach mit Jesus. Doch er fand keinen Grund, ihn zu verurteilen.

Daher wandte er sich an die Priester und Ältesten des Volkes und an die vielen Leute, die draußen standen.

Er sagte: „Dieser Mann hat nichts getan, wofür er den Tod verdient!"

Doch die Leute schrien: „Jesus muss sterben! Weg mit ihm! Kreuzige ihn!"

Es kamen immer mehr Leute zum Palast des Pilatus und forderten den Tod Jesu.

Sie riefen Pilatus zu: „Wenn du Jesus nicht zum Tode verurteilst, dann bist du kein Freund des Kaisers mehr!"

Da bekam Pilatus Angst und sagte: „Die Soldaten sollen Jesus ans Kreuz nageln!"

Jesus trug das Kreuz, an dem er sterben sollte, auf einen Hügel, der Golgota hieß.

Die Soldaten nagelten ihn auf dem Kreuz fest.

Oben am Kreuz befestigten sie eine Holztafel, auf der stand: „Jesus von Nazaret, der König der Juden!"

Um Mittag wurde es in der ganzen Gegend plötzlich stockfinster. Bis nachmittags um drei Uhr blieb es dunkel.

Jesus rief zu Gott: „Vater, ich vertraue dir! Nimm mich bei dir auf!"

Nachdem Jesus das gesagt hatte, starb er.

Da erbebte die Erde, die Felsen spalteten sich und im Tempel riss der Vorhang mitten entzwei.

Als es Abend wurde und niemand mehr beim Kreuz stand, kam ein Jünger Jesu. Er hieß Josef von Arimathäa und war ein vornehmer und reicher Ratsherr.

Er holte den toten Jesus vom Kreuz und wickelte ihn in ein weißes Tuch. Dann legte er ihn in ein neues Grab.

Das Grab war eine Höhle in einem Felsen.

Vor den Eingang rollte Josef einen großen, runden Stein. Dann ging er fort.

Nach drei Tagen, am frühen Ostermorgen, gingen drei Frauen zum Grab. Es waren Maria aus Magdala, Maria, die Mutter des Jakobus, und Salome. Sie hatten Gewürze, Kräuter und kostbares Öl gekauft. Damit wollten sie den toten Jesus einsalben.

Als sie am Grab ankamen, sahen sie, dass der große Stein weggerollt war.

Vorsichtig gingen sie in das Grab hinein.

Dort sahen sie einen jungen Mann in einem leuchtend weißen Gewand auf der rechten Seite des Grabes sitzen.

Es war ein Engel.

Die Frauen erschraken sehr.

Aber der Engel sagte: „Fürchtet euch nicht! Ihr sucht Jesus von Nazaret, den sie gekreuzigt haben. Er ist nicht hier. Gott hat ihn vom Tod auferweckt. Geht jetzt zu den anderen Jüngern und erzählt ihnen davon!"

In aller Eile liefen die Frauen in die Stadt zu den Jüngern und erzählten ihnen von dem Engel und dem leeren Grab.

Die Jünger wollten den Frauen zuerst nicht glauben.

Sie sagten zu ihnen: „Das habt ihr euch doch alles nur ausgedacht!"

Doch auf einmal stand Jesus selbst mitten im Zimmer.

Die Jünger erschraken furchtbar.

„Friede sei mit euch!", sagte Jesus zu ihnen. „Habt keine Angst, ich bin es."

Dann zeigte er ihnen die Wunden an seinen Händen und Füßen.

Da freuten sich die Jünger. Jetzt wussten sie ganz sicher: Jesus ist auferstanden! Jesus lebt!

Nach Matthäus 26,30–28,8 ; Markus 16,1–8

Lassen Sie erzählen:

* An Ostern feiern wir die Auferstehung Jesu. Gab es bei Ihnen besondere Bräuche für die Osterfeiertage?
* Was bedeutet die Auferstehung Jesu für Sie?
* Dieses Gebet eignet sich zum Abschluss:

Lieber Gott!
Dein Sohn Jesus war tot
und ist wieder von den Toten
auferstanden.
Du hast ihn auferweckt.
Ich freue mich darüber,
dass Jesus lebt
und nie mehr sterben wird.
Ich bitte dich:
Lass Jesus immer bei mir sein!
Ich will sein Freund sein.
Danke, guter Gott!
Amen.

Postfach 10 22 51
45422 Mülheim an der Ruhr

Telefon 030/89 785 235
Fax 030/89 785 578

bestellungen@cornelsen-schulverlage.de
www.verlagruhr.de

5-Minuten-Vorlesegeschichten

Feste und Bräuche

Petra Bartoli y Eckert
128 S., A5, Paperback, zweifarbig
ISBN 978-3-8346-2955-5

5-Minuten-Vorlesegeschichten

Urlaubszeit

Annette Weber
128 S., A5, Paperback, zweifarbig
ISBN 978-3-8346-2788-9

5-Minuten-Vorlesegeschichten

Leibgerichte

Birgit Ebbert
128 S., A5, Paperback, zweifarbig
ISBN 978-3-8346-2790-2

5-Minuten-Vorlesegeschichten

Tiergeschichten

Katia Simon
128 S., A5, Paperback, zweifarbig
ISBN 978-3-8346-2789-6